（西汉）司马迁◎著

郁海彤◎注解

（图解本）

货殖列传

YNK 云南科技出版社
·昆明·

U0625781

图书在版编目（CIP）数据

货殖列传：注解本 / (西汉) 司马迁著；郁海彤注解. -- 昆明：云南科技出版社，2025.6. -- ISBN 978-7-5587-6052-5

Ⅰ. K204.2；F729.2

中国国家版本馆CIP数据核字第20255HY229号

货殖列传（注解本）

HUOZHI LIEZHUAN（ZHUJIE BEN）

（西汉）司马迁　著　郁海彤　注解

责任编辑：叶佳林

特约编辑：余襄子

封面设计：李东杰

责任校对：孙玮贤

责任印制：蒋丽芬

书　　号：ISBN 978-7-5587-6052-5

印　　刷：三河市燕春印务有限公司

开　　本：710mm×1000mm　1/16

印　　张：12

字　　数：143千字

版　　次：2025年6月第1版

印　　次：2025年6月第1次印刷

定　　价：59.00元

出版发行：云南科技出版社

地　　址：昆明市环城西路609号

电　　话：0871-64192752

出版说明

　　本书译注的《货殖列传》，依据许嘉璐主编的《二十四史全译 史记》第二册（汉语词典出版社2004年版，第1539～1550页）。

　　为方便读者阅读，每自然段按原文、注释、译文的次序排列，原文中有一些繁体字，依据《古代汉语词典》第2版没有简化字的，原则上不作强行简化，保留原字。

序

在商业这片无垠的海洋里，每一位企业家都扮演着航海家的角色，他们驾驭着自己的企业之舟，不畏艰难险阻，勇敢地乘风破浪，坚定地向着商业的目标前进。然而，商业航道暗流汹涌，充满了难以预测的风险和挑战，随时都可能遭遇未知的风浪。

在这片看似平静，实则充满危机的商海中，只有那些真正理解经营之道、能够敏锐地捕捉市场机遇、勇于创新变革的企业家，才能立于不败之地。而在商海制胜的关键，就是被经商者称为"商业圣典"的《货殖列传》。"货殖"是什么意思？就是财货能够不断繁殖、增加，财富能够不断增殖。司马迁在《货殖列传》里记录了古代那些具备前瞻性眼光、能够洞察市场微妙变化的商人，揭示了经济学的深刻原理。"布衣匹夫之人，不害于政，不妨百姓，取之于时而息财富，智者有采焉。"意思是对于那些对政权无害，不妨碍百姓的布衣平民，让他们利用时机经营而积累财富是值得鼓励的。"旱则资舟，水则资车，物之理也。"意思是旱时，就要备船以待涝；涝时，就要备车以待旱。这样做才符合事物发展的规律。

《货殖列传》中有一句名言："天下熙熙，皆为利来；天下攘攘，皆为利往。"此句深刻揭示了社会活动的本质是为了追求利益。在商业领域，追求利益最大化是经济学的基石，能够为成功致富打下坚实的基础。而商业核心的要义是"专注精进，诚信为本"，那些被记录在册、富甲天下的商人，无不遵循这一商业核心要义。"富无经业，贵在诚壹；人弃我取，人取我与；审时度势，与时俯仰。"成功致富并非依赖特定行业，而是要通过专注、精进、持之以恒，成为行业标杆。在商业竞争中，要善于抓住时机，灵活应对，做到知进退，方能在商海中立于不败之地。

　　《货殖列传》中的每个故事都蕴含了经营哲学和商业智慧，体现了中国古代商人对于经济变化发展的认识与影响。本书通过对这些文字的深入解读，分享前人在波涛汹涌中，如何稳定航向；在风卷残云时，怎样驾驭船帆。希望能帮助那些在商海中航行的企业家，成长为拥有丰富经验的船长，在激烈的竞争中生存和发展。

目 录

上篇

《货殖列传》译注

【原文】

《老子》曰："至治之极，邻国相望，鸡犬之声相闻，民各甘其食，美其服，安其俗，乐其业，至老死不相往来。"必用此为务，輓①近世涂②民耳目，则几③无行矣。

【注释】

①輓：通"晚"，到了……时期。

②涂：堵塞。

③几：几乎。

【译文】

《老子》一书中说："政治达到顶峰，（应该是）邻近国家的居民可以互相望见，鸡犬的声音也能互相听到，百姓们各自品尝着甘甜的食品，穿戴着美丽的服装，安享着当地的风俗，喜欢自己的职业，直至老死都不相互往来。"如果一定要把这个作为首要任务，在近代除非堵塞百姓的耳朵和眼睛，否则是行不通的。

【原文】

太史公①曰：夫神农以前，吾不知已。至若《诗》《书》所述虞、夏以来，耳目欲极声色之好，口欲穷刍豢②之味，身安逸乐，而心夸矜势能③之荣。使俗之渐民久矣，虽户说以眇论④，终不能化。故善者因之，其次利道⑤之，其次教诲之，其次整齐之，最下者与之争。

【注释】

①太史公：司马迁的自称。

②刍豢：指牛、羊、猪、狗等牲畜。

③夸矜势能：炫耀自己的权势和才能。

④眇论：高妙的理论。

⑤道：通"导"，引导、诱导。

【译文】

太史公说：神农氏以前的情况，我不知道。至于《诗经》与《书经》上所描述的虞、夏以来的情况，则是人们总是要使自己的耳朵听到最好的音乐、眼睛看到最好的美色，嘴巴尽可能多地品尝牲畜肉类的美味，身体安处于舒适而快乐的环境，心里还要炫耀自己的权势与才能，假使这种风俗浸染百姓的思想已经很悠久了，即使用高妙的理论挨家挨户地去劝说，也终究不能使他们的精神得到感化。所以最高明的办法是听其自然，其次是诱导他们，再其次是教诲他们，又其次是（用典章制度来）束缚他们，最下等的办法是与百姓相争。

【原文】

夫山西饶①材、竹、榖、纑②、旄、玉石；山东多鱼、盐、漆、丝、声色；江南出楠、梓、姜、桂、金、锡、连、丹沙、犀、玳瑁、珠玑、齿革；龙门、碣石北多马、牛、羊、旃裘、筋角；铜、铁则千里往往山出棋置。此其大较也。皆中国人民③所喜好，谣俗④被服饮食、奉生送死之具也。故待农而食之，虞而出之，工而成之，商而通之。此宁有政教发征期会哉？人各任其能，竭其力，以得所欲。故物贱之征贵，贵之征贱，各劝其业，乐其事，若水之趋下，日夜无休时，不召而自来，不求而民出之。岂非道之所符，而自然之验邪？

【注释】

①饶：物产丰富，丰足。

②纑（lú）：苎麻一类的植物。

③中国人民：意为中原地区的人民，与今天的含义不同。

④谣俗：民间习俗。

【译文】

崤山以西盛产木材、竹子、榖木、纑麻、旄牛、玉石；太行山以东多出鱼、盐、漆、丝、音乐、美女；江南出产楠木、梓木、生姜、桂花、金、锡、铅、朱砂、犀牛、玳瑁、珠玑、象牙、皮革；龙门山、碣石山以北广产马、牛、羊、毛毡皮裘、兽畜的筋角；铜、铁则往往在千里山峦中布满，矿山星罗棋布。这还仅仅是物产分布的大概情况。这些物品都是国中人民所喜爱的，是俗话说的衣着饮食、养生送死必备的东西。所以人们依赖农民耕种来供给他们食物，虞人开出木材来，工匠做成器皿来，商人使这些财物流通。这难道要有官府的政令教化来调发征召约期相会吗？人们各自发挥自己的才能，竭尽自己的力量，以此来满足自己的欲望。因此，物品价格低廉时就到别处求得高价出售；物品价格昂贵时就到外地求得低价购进，各自勤勉而致力于他们的本业，乐于从事自己的工作，如同水向低处流，日日夜夜而永无休止，它们不待召唤就赶来，不需要征求而百姓们就会生产出物品来。这难道不是合乎道，顺应自然的验证吗？

【原文】

《周书》曰："农不出则乏其食，工不出则乏其事，商不出则三宝绝，虞不出则财匮少。"财匮少而山泽不辟矣。此四者，民所衣食之原也。原大则饶，原小则鲜①。上则富国，下则富家。贫富之道，莫之夺予，而巧者有余，拙者不足。故太公望封于营丘，地潟卤②，人民寡，于是太公劝其女功③，极技巧，通鱼盐，则人物归之，襁④至而辐凑。故齐冠带衣履天下，海岱之间敛袂而往朝焉。其后齐中衰，管子修之，设轻重九府⑤，则桓公以霸，九合诸侯，一匡天下；而管氏亦有三归，位在陪臣，富于列国之君。是以齐富强至于威、宣也。

【注释】

①鲜：匮乏。

②潟（xì）卤：盐碱地。

③女功：女红，旧时指女子所做的针线、纺织、刺绣、缝纫等工作。

④襁：襁褓。襁至，指怀抱婴儿移民而来。

⑤轻重：官府控制商品流通、调节物价的理论和政策；九府：即大府、玉府、内府、外府、泉府、天府、职内、职金、职币，都是掌管财币的官。

【译文】

《周书》上说："农民不种植，粮食就要匮乏，工匠不制造，就会使器物缺乏，商人不贸易，那么粮食、器物、财富就都要断绝，虞人不开发山泽，资源就会缺少。"而资源缺少，山泽就不能重新得到开发。这四个方面，是人民衣着食物的源泉。源泉广阔就会富饶；源泉窄小就会匮乏。它们对上可以使国家富强，对下可以使家庭富有。贫富的道路，不归因于抢夺还是赠与，但是聪明的人能使财富有结余，愚蠢的人只能使财物越来越少。所以太公望被封在营丘，那里的土地本来是盐碱地，人口稀少，于是太公就鼓励女子从事女红，使其技巧达到极高，又开通了鱼盐贸易。这样，人民和财物归附于他，像襁带相接、车辐集聚一样前来。所以，齐国生产的帽子、带子、衣服、鞋子畅销天下，从海滨到泰山之间的人都整好衣袖来齐国朝拜。此后，齐国中道衰落，管仲辅佐齐王治理国政，设立调整物价的九个官府，齐桓公因此能够称霸天下，盟会诸侯，匡正天下；而管仲自己也修筑了三归台，他的地位在陪臣之列，财富胜于列国的君王。从此，齐国的富强持续到齐威王、齐宣王时期。

【原文】

故曰："仓廪实而知礼节，衣食足而知荣辱。"礼生于有而废于无。故君子富，好行其德；小人富，以适其力。渊深而鱼生之，山深而兽往之，人富而仁义附①焉。富者得势益彰②，失势则客无所之，以而不乐。夷狄益甚。谚曰："千金之子，不死于市。"此非空言也。故曰："天下熙熙，皆为利来；天下壤壤，皆为利往。"夫千乘之王，万家之侯，百室之君，尚犹患贫，而况匹夫编户之民乎！

【注释】

①附：归附。

②彰：显赫。

【译文】

所以说："仓库充实，百姓才能懂得礼节，衣食丰富，百姓才知道荣耀与耻辱。"礼仪产生于富有而废弃于贫穷。所以君子富有了，就喜欢行仁德之事；小人富有了，就把力量用在适当的地方。潭渊水深，里面就会有鱼，山林幽深，野兽就会到那里去，人民富裕，仁义也会体现在他们身上。富有者得势，会越加显赫，失势了，门客就没有前来的，因此也就心里不快。在夷狄那样的民族，这种情况会更严重。谚语说："千金之家的子弟，不会在闹市被处死。"这并不是空话。所以说："天下纷纷扰扰，都是为求利而来；天下哄哄闹闹，都是为求利而往。"那些有千乘兵车的天子，有万家封地的诸侯，有百室封邑的君子，尚且担心贫穷，何况编在户口册子上的普通百姓呢！

【原文】

昔者越王勾践困于会稽之上，乃用范蠡、计然。计然曰："知斗①则修备，时用则知物，二者形则万货之情可得而观已。故岁在金，穰；水，毁；木，饥；火，旱。旱则资舟，水则资车，物之理也。六岁穰，六岁旱，十二岁一大饥。夫粜，二十病农，九十病末。末病则财不出，农病则草不辟矣。上不过八十，下不减三十，则农末俱利。平粜②齐物③，关市④不乏，治国之道也。积著⑤之理，务完物，无息币⑥。以物相贸，易腐败而食之货勿留，无敢居贵。论其有余不足，则知贵贱。贵上极则反贱，贱下极则反贵。贵出如粪土，贱取如珠玉。财币欲其行如流水。"修之十年，国富，厚赂战士，士赴矢石，如渴得饮，遂报强吴，观兵中国，称号"五霸"。

【注释】

①斗：战斗、打仗。

②平粜（tiào）：平衡物价。

③齐物：物资供求平衡。

④关市：此处指跨地区物流和市场交易物资。关：交通道路上的关口；市：都会的商品交易市场。

⑤积著：即积微成著、积少成多，此处指积累财富。

⑥无息币：不要有滞积的钱币。

【译文】

过去越王勾践被围困在会稽山上，于是任用范蠡、计然。计然说："知道会争斗就要做好战备，知道按时使用就要了解货物。这两样清楚了，那么各种货物的行情就能看得很清楚。所以，岁星在金位时，就丰收；在水位时，有水灾；在木位时，就饥荒；在火位时，就干旱。旱时备船以待涝，涝时备车以待旱，这样做才符合事物发展的规律。一般说来，六年一丰收，六年一干旱，十二年有一次大饥荒。说到出售粮食，每斗价格二十钱，农民会受损害；每斗价格九十钱，商人要受损失。商人受损失，钱财就不能流通到社会；农民受损害，田地就会荒芜。粮价每斗价格最高不超过八十钱，最低不少于三十钱，那么农民和商人都能得利。粮食平价出售并调整物价，过关入市，货物都不缺乏，这是治国之道。至于积贮货物的道理，一定要积贮完备的货物，不要让货币停止流通。买卖货物，凡属容易腐败和锈蚀的物品不要久藏，切忌冒险囤居以求高价。议论商品过剩或短缺的情况，就会知道物价涨跌。物价贵到极点就会返归于贱，物价贱到极点就要返归于贵。当货物贵到极点时就要视同粪土及时卖出；当货物贱到极点时则要视如珠宝及时购进。货物钱币的流通周转要如同流水那样。"（勾践照计然策略）治国十年，越国富有了，能给予兵士重金的待遇，兵士们冲锋陷阵，不顾箭射石击，就像口渴时求得饮水那样，终于报仇雪耻灭掉吴国，继而在中原地区检阅军队，号称"五霸"之一。

【原文】

范蠡既雪会稽之耻，乃喟然而叹曰："计然之策七，越用其五而得意①。既已施于国，吾欲用之家。"乃乘扁舟浮于江湖，变名易姓，适齐为鸱夷子皮，之陶为朱公。朱公以为陶天下之中，诸侯四通，货物所交易也。乃治产积居，与时逐而不责于人。故善治生者，能择人而任时。十九年之中三致千金，再分散与贫交疏昆弟②。此所谓富好行其德者也。后年衰老而听子孙，子孙修业而息之，遂至巨万。故言富者皆称陶朱公。

【注释】

①得意：实现意愿。

②昆弟：兄弟。

【译文】

范蠡已然协助越王洗雪了会稽被困之耻，便长叹道："计然的策略有七条，越国只用了其中五条就实现了雪耻的愿望。既然已经施用于治国，我要把它用于治家。"于是他乘坐小船漂泊江湖，改名换姓，到齐国改名叫"鸱夷子皮"，到了陶邑改名叫"朱公"。朱公认为，陶邑居于天下中心，与四面诸侯国都连通，交流货物十分便利。于是就治理产业，囤积居奇。与时逐利，随机应变而不责求他人。所以，善于经营致富的人，要能择用贤人并把握时机。十九年时间里，他三次赚得千金之财，两次分散给贫穷的朋友和远房同姓的兄弟。这就是所谓富有便喜好去做仁德之事的人。范蠡后来年老力衰而听凭子孙，子孙继承了他的产业并有所发展，于是达到亿万家产。所以后世谈论富翁时都称为"陶朱公"。

【原文】

子贡①既学于仲尼，退而仕于卫，废著②鬻财于曹、鲁之间，七十子之徒，赐③最为饶益。原宪④不厌糟糠，匿于穷巷。子贡结驷连骑，束帛之币以聘享诸侯，所至，国君无不分庭⑤与之抗礼⑥。夫使孔子名布扬于天下者，子贡先后之⑦也。此所谓得势而益彰者乎？

【注释】

①子贡：孔子的学生。

②废著：亦作"废举""废居"，贱买贵卖。废：出售；著：囤积。

③赐：即端木赐，也是指子贡。

④原宪：指子思。

⑤分庭：主宾分立庭院两边，相向行礼，体现地位平等。

⑥抗礼：以平等礼节相待。

⑦先后之：即孔子生前和去世后，子贡都为弘扬孔子思想作出了贡献。

【译文】

子贡在孔子那里学成后，回到卫国做官，利用卖贵买贱的方法在曹国、鲁国之间经商，孔门七十多个高徒之中，端木赐（即子贡）最为富有。孔子的另一位高徒原宪穷得连糟糠都吃不饱，隐居在简陋的小巷子里。子贡却乘坐四马并辔齐头牵引的车子，携带束帛厚礼去访问馈赠诸侯，所到之处，国君没有哪个不和他分庭抗礼。使孔子得以名扬天下的原因，是子贡在人前人后辅助的结果。这就是所谓得势而使名声更加显著吧？

【原文】

白圭，周人也。当魏文侯时，李克务尽地力，而白圭乐观时变，故人弃我取，人取我与。夫岁孰①取谷，予之丝漆；茧出取帛絮，予之食。太阴在卯，穰②；明岁衰恶③。至午，旱；明岁美。至酉，穰；明岁衰恶。至子，大旱；明岁美，有水④。至卯，积著率⑤岁倍。欲长钱，取下谷；长石斗，取上种。能薄饮食⑥，忍嗜欲，节衣服，与用事僮仆同苦乐，趋时⑦若猛兽挚鸟之发。故曰："吾治生产，犹伊尹、吕尚之谋，孙吴用兵，商鞅行法是也。是故其智不足与权变，勇不足以决断，仁不能以取予，强不能有所守，虽欲学吾术，终不告之矣。"盖天下言治生祖白圭。白圭其有所试矣，能试有所长，非苟⑧而已也。

【注释】

①岁孰：指谷物成熟，年成丰收。

②穰：粮食丰收。

③衰恶：粮食歉收。

④水：雨水。

⑤率：大概。

⑥薄饮食：不讲究吃喝。

⑦时：时机。

⑧苟：随便。

【译文】

白圭，是周人。魏文侯在位时，李克追求用尽地力，而白圭喜欢观察时机变化，所以当别人抛售时他就收购，当别人索求时他就出售。年成丰收他就买进粮食，出售丝、漆；蚕茧结成时他买进绢帛棉絮，出售粮食。太岁星在卯位时，五谷丰收；转年歉收。在午位时，会发生旱灾；转年收成好。在酉位时，五谷丰收；转年歉收。在子位时，天下会大

货殖列传（注解本）

旱；转年年景会很好，有雨水。太岁星又至卯位时，他囤积的货物大致比常年要增加一倍。要增长钱财收入，他便收购次等的谷物；要种粮食多，他便去买上等的粮种。他不讲究吃喝，控制嗜好，节省穿戴，与雇佣的奴仆同甘共苦，捕捉赚钱的时机就像猛兽猛禽猎取食物那样迅捷。因此他说："我经营生产，就像伊尹、吕尚筹划谋略，孙子、吴起用兵打仗，商鞅推行变法那样。所以如果一个人的智慧够不上随机应变，勇气够不上果敢决断，仁德不能够正确取舍，强健不能够有所坚守，即使他想学习我的经商致富之术，我终究不会告诉他的。"因此天下人都在说白圭是商业之祖。白圭大概是有所尝试，能够尝试而又有特长，这不是随便行事就能做成的。

【原文】

猗顿用盬①盐起。而邯郸郭纵以铁冶成业，与王者埒②富。

【注释】

①盬（gǔ）：未经炼制的粗盐。

②埒（liè）：等同，齐等。

【译文】

猗顿靠经营河东池盐发家，邯郸的郭纵靠冶铁成就家业，他们的财富都可与一国之君等同。

【原文】

乌氏倮畜牧，及众，斥卖，求奇缯物，间献遗戎王。戎王什倍其偿，与之畜，畜至用谷量马牛。秦始皇帝令倮比封君，以时与列臣朝请。而巴寡妇清，其先得丹穴①，而擅其利数世，家亦不訾②。清，寡妇也，能守其业，用财自卫，不见侵犯。秦皇帝以为贞妇而客之，为筑女怀清台。夫倮鄙人牧长；清穷乡寡妇，礼抗万乘，名显天下，岂非以富邪？

【注释】

①丹穴：朱砂矿。

②訾（zī）：表示数量极大，无法用具体的数字来衡量。

【译文】

乌氏县的倮经营畜牧业，等到牲畜众多之时，便全部卖掉，再购求各种奇异彩绣丝织品，暗中献给戎王。戎王以十倍价值于所献物品的财物回赠给他，送给他牲畜，牲畜数量多到以山谷为单位来计算。秦始皇诏令倮与封君同列，按规定时间同诸大臣进宫朝拜。而巴郡寡妇清，她的先祖自得到朱砂矿，独揽其利达好几代人，家产也多得不计其数。清，是个寡妇，却能守住先人的家业，用钱财来保护自己，不被别人侵犯。秦始皇认为她是个贞妇，而以宾客之礼对待她，还为她修筑了女怀清台。倮，不过是个边境之人、畜牧主；清，是个穷乡僻壤的寡妇，却能与拥有万乘兵车的皇帝分庭抗礼，名扬天下，这难道不是因为他们富有吗？

【原文】

汉兴，海内为一，开关梁，弛山泽之禁，是以富商大贾周流天下，交易之物莫①不通，得其所欲，而徙②豪杰、诸侯、强族于京师。

【注释】

①莫：没有什么。
②徙：迁徙。

【译文】

汉朝兴起，天下一统，关卡开放，开采山林水泽的禁令松动，因此富商大贾得以通行天下，交易的货物无不畅通，得到了他们想要的，于是迁徙地方豪杰、诸侯和大户人家到京城。

【原文】

关中自汧、雍以东至河、华，膏壤沃野千里，自虞、夏之贡以为上田，而公刘适①邠，大王、王季在岐，文王作丰，武王治镐，故其民犹有先王之遗风，好稼穑，殖②五谷，地重③，重为邪。及秦文、德、穆居雍，隙陇、蜀之货物而多贾。献公徙栎邑，栎邑北却戎翟④，东通三晋，亦多大贾。孝、昭治咸阳，因以汉都，长安诸陵，四方辐凑并至而会，地小人众，故其民益玩巧而事末也。南则巴、蜀。巴、蜀亦沃野，地饶卮⑤、姜、丹沙、石、铜、铁、竹、木之器。南御滇僰，僰僮。西近邛、笮，笮马、旄牛。然四塞，栈道千里，无所不通，唯褒斜绾毂⑥其口，以所多易所鲜。天水、陇西、北地、上郡与关中同俗，然西有羌中之利，北有戎翟之畜，畜牧为天下饶。然地亦穷险，唯京师要其道。故关中之地，于天下三分之一，而人众不过什三；然量其富，什居其六。

【注释】

①适：迁徙。

②殖：种植。

③地重：以土地为重。

④翟：通“狄”。

⑤卮（zhī）：栀子。

⑥绾毂：控扼路口。绾：控制；毂：车轮中间穿插车轴处。

【译文】

关中地区从汧、雍二县以东至黄河、华山，肥沃的土壤方圆千里，从虞、夏收贡赋时起就把这里作为上等田地，后来公刘迁居到邠地，太王、王季迁居岐山，文王兴建丰邑，武王治理镐京，因而这些地方的人民仍有先王的遗风，喜好农事，种植五谷，以土地为重，不敢干邪恶之事。直到秦文公、德公、穆公居住在雍邑，这里地处陇、蜀货物交流的要道，因此商人很多。秦献公迁居栎邑，栎邑往北使戎狄却步，往东连通三晋，也有许多大商人。秦孝公、昭公治理咸阳，加上汉朝的都城长安及附近的皇帝陵墓，四面八方的人像车辐凑聚一样集中于此，地方很小人口又多，所以当地百姓越来越玩弄智巧而从事工商之类的末业。南面就是巴郡、蜀郡。巴蜀地区也是一片沃野，盛产栀子、生姜、朱砂、石材、铜、铁、竹质和木质的器具。更南边则统御滇、僰，僰地多出僮仆。西边邻近邛、笮，笮地出产马、牦牛。然而这里四周闭塞，有千里栈道，与关中无处不通，唯有褒斜通道像车毂控扼其口，用多余之物来交换短缺之物。天水、陇西、北地、上郡与关中风俗相同，而西面有羌地的便利，北面有戎狄的牲畜，畜牧业居天下首位。可是这里土地很贫瘠险恶，只有京城长安控制其通道。所以整个关中之地，面积占天下的三分之一，人口不过占天下的十分之三；然而估计这里的财富，却占天下的十分之六。

【原文】

昔唐人都^①河东，殷人都河内，周人都河南。夫三河在天下之中，若鼎足，王者所更居^②也，建国各数百千岁。土地小狭，民人众，都国诸侯所聚会，故其俗纤俭^③习事。杨、平阳陈西贾秦、翟，北贾种、代。种、代，石北也，地边胡，数被寇。人民矜懻忮^④，好气，任侠为奸，不事农商。然迫近北夷，师旅亟往，中国委输时有奇羡^⑤。其民羯羠^⑥不均，自全晋之时固已患其僄悍，而武灵王益厉之，其谣俗犹有赵之风也。故杨、平阳陈掾其间，得所欲。温、轵西贾上党，北贾赵、中山。中山地薄人众，犹有沙丘纣淫地余民，民俗懁急，仰机利而食。丈夫相聚游戏，悲歌忼慨，起则相随椎剽，休则掘冢作巧奸冶，多美物，为倡优。女子则鼓鸣瑟，跕屣，游媚贵富，入后宫，遍诸侯。

【注释】

①都：迁都。

②更居：更迭居住的地方。

③纤俭：吝啬节俭。

④矜懻（jì）忮（zhì）：骄横强直。

⑤奇羡：剩余物资。

⑥羯（jié）羠（yí）：强悍。

【译文】

古时唐人定都河东，殷人定都河内，周人定都河南。这三地居于天下的中心，好像鼎的三个足，是帝王们更迭居住的原因，建国各有数百年乃至上千年。这里土地狭小，人口众多，是都城封国诸侯集中聚会之处，所以当地民俗为吝啬俭省熟悉世故。杨、平阳两邑人民经商，向西可到秦、戎狄地区，向北可到种、代地区。种、代，在石邑以北，地近匈奴，屡次遭受掠夺。人民骄横强直，好胜，以行侠为奸，不从事农商诸业。但因邻近北方夷狄，军队经常往来，中原运输来的物资，时有剩余。当地人民强悍如健羊，从三家尚未分晋之时就已经对他们的慓悍感到忧虑，而到赵武灵王时就更加助长了这种风气，当地习俗仍带有赵国的遗风。所以杨、平阳两地的人民经营驰逐于其间，能得到他们所想要的东西。温、轵地区的人民经商，向西可到上党地区，向北可到赵、中山一带。中山土地贫瘠人口众多，在沙丘一带还有纣王当年淫乐遗址留下的殷人后代，百姓性情急躁，仰仗投机取巧而谋生度日。男子们常相聚游戏玩耍，慷慨悲声歌唱，行动时纠合一起杀人抢劫，休息时就挖坟盗墓制作赝品、私铸钱币，多有美色人物，去当歌舞艺人。女子们则常弹奏琴瑟，拖拉着鞋子，游走于权贵富豪间献媚讨好，有的被纳入后宫，遍及各地诸侯。

【原文】

然邯郸亦漳、河之间一都会也。北通燕、涿，南有郑、卫。郑、卫俗与赵相类，然近梁、鲁，微重①而矜节②。濮上之邑徙野王，野王好气任侠，卫之风也。

【注释】

①微重：稍微庄重。

②矜节：注重气节。

【译文】

然而邯郸也是漳水、黄河之间的一个都市。北面通燕、涿，南面有郑、卫。郑、卫风俗与赵相似，但因地靠近梁、鲁，稍显庄重又注重节操。卫君曾从濮上的城邑迁徙到野王，野王地区民风喜好斗气行侠，这是卫国的遗风。

【原文】

夫燕亦勃、碣之间一都会也。南通齐、赵，东北边胡。

上谷至辽东，地踔远①，人民希②，数被③寇，大与赵、代俗相类，而民雕④捍少虑，有鱼、盐、枣、栗之饶。北邻乌桓、夫馀，东绾秽貉、朝鲜、真番之利。

【注释】

①踔（zhuō）远：辽阔。

②希：通"稀"，稀少。

③被：遭受。

④雕：像雕一样。

【译文】

燕国都城也是渤海、碣石山之间的一个都市。南面通齐、赵，东北面与胡人交界。从上谷到辽东一带，土地辽阔，人口稀少，屡次遭侵扰，民俗大致与赵、代地区相似，而民众像雕那样强悍，少思虑，当地盛产鱼、盐、枣、栗。北面邻近乌桓、夫馀，东面处于控制秽貉、朝鲜、真番的有利地位。

【原文】

洛阳东贾齐、鲁，南贾梁、楚。故泰山之阳①则鲁，其阴②则齐。齐带山海，膏壤千里，宜桑麻，人民多文綵、布帛、鱼、盐。

临菑亦海、岱之间一都会也。其俗宽缓阔达，而足智，好议论，地重，难动摇，怯于众斗，勇于持刺，故多劫人者，大国之风也。其中具五民^③。

【注释】

①阳：南面。

②阴：北面。

③五民：指士、农、商、工、贾。

【译文】

洛阳东去经商可到齐、鲁，南去可到梁、楚。所以泰山南部是鲁国故地，北部是齐国故地。齐地被山海环抱，方圆千里一片沃土，适宜种植桑麻，人民多产彩色丝绸、布帛、鱼盐。

临淄也是东海、泰山之间的一个都市。当地民俗从容宽厚通情达理，又足智多谋，爱发议论，以土地为重，难以动摇离散，怯于聚众斗殴，单身持刀行刺勇敢，所以常有劫夺别人财物者，这是大国的风尚。这里士、农、工、商、贾五民俱备。

【原文】

而邹、鲁滨洙、泗，犹有周公遗风，俗好儒，备于礼，故其民龊龊^①。颇^②有桑麻之业，无林泽之饶。地小人众，俭啬③，畏罪远邪。及其衰，好贾趋利，甚于周人。

【注释】

①龊龊：拘谨的样子，谨小慎微的样子。

②颇：甚，很。

③俭啬：节俭吝啬。

【译文】

而邹、鲁两地临洙水、泗水之滨，还保存着周公留传的遗风，民俗喜好儒术，讲究礼仪，所以当地百姓小心拘谨。颇多经营桑麻产业，没有山林水泽的富饶特产。土地少人口多，人们节俭吝啬，害怕犯罪远避邪恶。等到他们年老之时，爱好经商追逐财利，比周地百姓还厉害。

【原文】

夫自鸿沟以东，芒、砀以北，属①巨野，此梁、宋也。陶、睢阳亦一都会也。昔尧作于②成阳，舜渔于③雷泽，汤止于④亳。其俗犹有先王遗风，重厚多君子，好稼穑，虽无山川之饶，能恶衣食⑤，致其蓄藏。

【注释】

①属：连接。

②作于：在……劳作。

③渔于：在……捕鱼。

④止于：在……定都。

⑤恶衣食：指不择衣食，即省吃俭用。

【译文】

从鸿沟以东，芒山、砀山以北，连到巨野，这是过去梁、宋的地方。陶、睢阳也是都市。以前尧在成阳劳作，舜在雷泽打过鱼，汤曾定都于亳。这里的民俗还存有先王遗风，宽厚庄重君子很多，喜好农事，虽然没有富饶的山河物产，人们却能省吃俭用，以求得积蓄储藏。

【原文】

越、楚则有三俗。夫自淮北沛、陈、汝南、南郡，此西楚也。其俗剽轻①，易发怒，地薄，寡于积聚。江陵故②郢都，西通巫、巴，东有云梦之饶。陈在楚夏之交，通鱼、盐之货，其民多贾。徐、僮、取虑则清刻③，矜④己诺。

【注释】

①剽轻：剽悍轻率。

②故：原先。

③清刻：清廉严谨。

④矜：重视。

【译文】

越、楚地带有三种不同风俗的地区。从淮北沛、陈、汝南、南郡，这是西楚地区。这里民俗慓悍轻率，容易发怒，土地贫瘠，少有财物蓄积。江陵原为郢都，西通巫、巴，东有云梦大泽物产富饶。陈在楚、夏交接之处，流通鱼盐之类的货物，民众多为商人。徐、僮、取虑一带的百姓清廉严谨，信守诺言。

【原文】

彭城以东，东海、吴、广陵，此东楚也。其俗类徐、僮。朐、缯以北，俗则齐。浙江南则越。夫吴自阖庐①、春申、王濞②三人招致天下之喜游子弟，东有海盐之饶，章山之铜，三江、五湖之利，亦江东一都会也。

【注释】

①阖庐：指吴王阖闾。
②王濞（bì）：指汉初吴王刘濞。

【译文】

彭城以东，包括东海、吴、广陵一带，这是东楚地区。

这里风俗与徐、僮一带相似。朐、缯以北，风俗与齐地相似。浙江以南风俗与越地相似。吴地从阖闾、春申君和吴王刘濞招致天下喜好游说的子弟以来，东有海盐的富饶，章山的铜矿，三江、五湖的便利，也是江东的一个都市。

【原文】

衡山、九江、江南、豫章、长沙，是南楚也，其俗大类西楚。郢之后徙寿春，亦一都会也。而合肥受南北潮①，皮革、鲍②、木输会也。与闽中、干越③杂俗，故南楚好辞，巧说少信④。江南卑湿⑤，丈夫⑥早夭。多竹木。豫章出黄金，长沙出连⑦、锡，然堇堇⑧物之所有，取之不足以更费。九疑、苍梧以南至儋耳者，与江南大同俗，而杨越多焉。番禺亦其一都会也，珠玑、犀、玳瑁、果、布之凑。

【注释】

①潮：河流。

②鲍：鲍鱼。

③干越：越国的前身是古代"于越部落"，故而又称作"于越"。

④巧说少信：花言巧语，缺少信用。

⑤卑湿：地势低洼，气候潮湿。

⑥丈夫：通指男人。

⑦连：指铅矿，未炼之铅。

⑧堇堇：堇通"仅"，少。

【译文】

衡山、九江、江南、豫章、长沙，都属于南楚地区，这里风俗与西楚地区大体相似。楚失郢都后迁都寿春，寿春也是一个都市。而合肥连接南北河流，是皮革、鲍鱼、木材汇聚之地。因与闽中、于越习俗混杂，所以南楚居民善于辞令，花言巧语少有信用。江南地方地势低下气候潮湿，男子寿命不长。竹木很多。豫章出产黄金，长沙出产铅、锡。但矿产蕴藏量极为有限，开采所得不足以抵偿支出费用。九疑、苍梧以南至儋耳，与江南风俗大体相同，而多与杨越相似。番禺也是当地的一个都市，是珠玑、犀角、玳瑁、水果、葛布之类的集散地。

【原文】

颍川、南阳，夏人①之居也。夏人政尚忠朴，犹有先王之遗风。颍川敦愿②。秦末世，迁不轨之民③于南阳。南阳西通武关、郧关，东南受汉、江、淮。宛亦一都会也。俗杂好事，业多贾。其任侠，交通颍川，故至今谓之"夏人"。

【注释】

①夏人：夏朝后裔。

②敦愿：敦厚质朴。

③不轨之民：不法之徒。

【译文】

颍川、南阳，是夏人的居住之地。夏人为政崇尚忠厚朴实，还有先王的遗风。颍川人敦厚质朴。秦朝末年，曾经迁徙不法之民到南阳。南阳西通武关、郧关，东南面临汉水、长江、淮水。宛也是一个都市。当地民俗混杂好事，多以经商为业。居民行侠仗义，与颍川地区相交往，所以直到现在还被称作"夏人"。

【原文】

夫天下物所鲜所多，人民谣俗，山东食海盐，山西食盐卤①，领南、沙北固②往往出盐，大体如此矣。

【注释】

①盐卤：块盐，池盐。

②固：本来。

【译文】

天下物产有少有多，人民的习俗，山东地区吃海盐，山西地区吃池盐，岭南和沙北本来处处产盐，这方面情况大体如此。

【原文】

总之，楚、越之地，地广人希，饭稻羹鱼，或火耕①而水耨②，果隋蠃蛤③不待贾而足，地势饶食，无饥馑之患，以故呰窳④偷生，无积聚而多贫。是故江、淮以南，无冻饿之人，亦无千金之家。沂、泗水以北，宜五谷、桑麻、六畜，地小人众，数被水旱之害，民好畜藏⑤，故秦、夏、梁、鲁好农⑥而重民。三河、宛、陈亦然，加以商贾。齐、赵设智巧，仰机利⑦。燕、代田畜而事蚕。

【注释】

①火耕：放火烧草开荒种地。

②水耨：种稻灌水以除草。

③果隋（duò）蠃（luǒ）蛤：指瓜果螺蛤。隋通"堕"，坠落，垂下。蠃：螺、蚌类。

④呰（zǐ）窳（yǔ）：苟且，偷懒。呰：弱，劣，懒惰；窳：懒惰。

⑤畜藏：积蓄储藏。

⑥农：农耕。

⑦机利：投机谋利。

【译文】

总而言之，楚越地区，地广人稀，以稻米为饭，以鱼类为菜，有的地方刀耕火种、水耨除草，瓜果螺蛤，不须购买便很富足。地形有利食物丰足，没有饥荒的忧患，因此人们苟且偷生，没有积蓄，多为贫穷人家。所以江淮以南既无挨饿受冻之人，也无千金富户。沂水、泗水以北地区，适合种植五谷、桑麻，饲养六畜，地少人多，屡次遭受水旱灾害，百姓喜好积蓄财物，所以秦、夏、梁、鲁地区爱好农耕而重视民众。三河地区以及宛、陈等地也是这样，再加上经商贸易。齐、赵地区的居民聪明灵巧，靠投机求财利。燕、代地区的居民能种田、畜牧，并且养蚕。

【原文】

由此观之，贤人深谋于廊庙，论议朝廷，守信死节隐居岩穴之士设为名高者安归①乎？归于富厚也。是以廉吏久，久更富，廉贾②归③富。富者，人之情性，所不学而俱欲者也。故壮士在军，攻城先登，陷阵却④敌，斩将搴旗⑤，前蒙⑥矢石，不避汤火之难者，为重赏使也。其在闾巷⑦少年，攻剽⑧椎埋⑨，劫人作奸，掘冢铸币，任侠并兼，借交报仇，篡逐幽隐，不避法禁，走死地如骛者，其实皆为财用耳。今夫赵女郑姬，设形容⑩，揳⑪鸣琴，揄长袂⑫，蹑利屣⑬，目挑心招，出不远千里，不择老少者，奔富厚也。游闲公子，饰冠剑，连车骑，亦为富贵容也。弋射渔猎，犯晨夜，冒霜雪，驰坑谷，不避猛兽之害，为得味也。博戏驰逐，斗鸡走狗，作色相矜，必争胜者，重失负也。医方诸食技术之人，焦神极能，为重糈⑭也。吏士舞文弄法，刻章伪书，不避刀锯之诛者，没于赂遗也。农、工、商贾、畜长，固求富益货也。此有知尽能索耳，终不余力而让财矣。

【注释】

①归：归宿。

②廉贾：薄利多销的商人。

③归：归于。

④却：杀退。

⑤搴（qiān）旗：拔取敌方旗帜。

⑥蒙：冒着。

⑦闾巷：里巷，泛指民间。

⑧攻剽：抢劫，掠夺。

⑨椎埋：杀人埋尸。

⑩设形容：装扮出漂亮的外形和容貌。

⑪揳（jiá）：通"戛"（jiá），击，弹奏。

⑫揄（yú）长袂：舞动长袖。揄：挥动；袂：袖子。

⑬蹑利屣：踏着尖头舞鞋。蹑：踩，踏；利屣：尖头舞鞋。

⑭糈（xǔ）：粮食。

【译文】

由此看来，贤能之人在宗庙里深谋远虑，在朝廷上论辩争议，那些坚守信义死守节操隐居在岩穴之中的士人设法抬高自己名望者，他们究竟要归向何处呢？是要归向富贵。因此，为官清廉就能长久，长久了便会更加富有；清廉的商人终归致富。财富，是人们的情性所在，用不着学习就都会去追求的东西。所以，壮士在军队中，打仗时攻城先登，遇敌时冲锋陷阵，斩将夺旗，冒着箭射石击，赴汤蹈火，不避艰难险阻的原因，是出于重赏的驱使。那些住在民间里巷的少年，攻击剽掠用椎杀人埋尸，抢劫作奸，盗掘坟墓私铸钱币，伪托侠义侵吞霸占，借助同伙图报私仇，暗中追逐掠夺，不避法律禁令，如同快马奔驰般往死路上跑，其实都是为了钱财罢了。如今那些赵国、郑国的女子，修饰容貌，善弹琴瑟，舞动长袖，踩着轻便舞鞋，用眼挑逗用心勾引，出外不远千里，不择年老年少，也是为财利而奔忙。游手好闲的公子，帽子宝剑装饰讲究，连接车子坐骑，也是显示富贵的样子。猎人渔夫，起早贪黑，冒着霜雪，奔跑在深山大谷，不躲避猛兽的伤害，为的是获得各种野味。赌博游戏赛马驰逐，斗鸡走狗之人，勃然变色争相夸耀，必定要争取胜利，是因为重视输赢。医生方士及各种靠技艺谋生的人，焦思苦虑，极尽其能，是为了得到更多的报酬。官府吏士舞文弄墨，私刻公章伪造文书，不避刀锯诛杀，是被贿赂馈赠迷惑了。至于农、工、商贾、畜牧业，原本就是为了谋求增添个人的财富。如此只有智慧用尽、能力完结才罢休，终究是会不遗余力地争夺财物的。

【原文】

谛曰："百里不贩樵^①，千里不贩籴^②。"居之一岁，种之以谷；十岁，树之以木；百岁，来之^③以德。德者，人物之谓也。今有无秩禄^④之奉，爵邑^⑤之入，而乐与之比者，命曰"素封^⑥"。封者食租税，岁率户二百。千户之君则二十万，朝觐聘享出其中。庶民农、工、商贾，率亦岁万息二千，百万之家则二十万，而更徭租赋出其中。衣食之欲，恣所好美矣。故曰陆地牧马二百蹄，牛蹄角千，千足羊，泽中千足彘，水居千石鱼陂^⑦，山居千章之材；安邑千树枣，燕、秦千树栗，蜀、汉、江陵千树橘；淮北、常山已南、河、济之间千树萩，陈、夏千亩漆，齐、鲁千亩桑麻，渭川千亩竹，及名国万家之城，带郭千亩亩钟之田，若千亩卮茜，千畦姜、韭。此其人皆与千户侯等。然是富给之资也，不窥市井，不行异邑，坐而待收，身有处士之义而取给焉。若至家贫亲老，妻子软弱，岁时无以祭祀进醵⑧，饮食被服不足以自通，如此不惭耻，则无所比矣。是以无财作力，少有斗智，既饶争时，此其大经也。今治生不待危身取给，则贤人勉焉。是故本富⑨为上，末富⑩次之，奸富⑪最下。无岩处奇士之行，而长贫贱，好语仁义，亦足羞也。

【注释】

①樵：木柴。

②籴（dí）：买进粮食。

③来之：聚集和团结人民。

④秩禄：官职俸禄。

⑤爵邑：爵位和封邑。

⑥素封：没有俸禄或爵邑收入，但经济实力并不亚于官员贵族的人。

⑦陂（bēi）：池塘。

⑧进醵（jù）：凑钱买酒聚餐。

⑨本富：靠农业致富。

⑩末富：靠工商业致富。

⑪奸富：靠投机取巧、假冒伪劣、违法乱纪、伤天害理而致富。

【译文】

谚语说："贩柴的不出一百里，卖粮的不出一千里。"在某地住上一年，就要种植谷物；住上十年，就要栽种树木；住上百年，就要用德行引来人。所谓德，就是人的才德名望和财物。现在有些没有官职俸禄或爵位封地收入，而生活欢乐，可与有官爵封地者相比的人，被称作"素封"。有封地的人享受租税，每户每年缴入二百钱。享有千户的君主则每年租税收入可达二十万钱，朝拜天子、访问诸侯和祭祀供享，都要从这里开支。庶民百姓从事农、工、商贾，家有一万钱每年利息可得二千钱，拥有一百万钱的人家每年可得利息二十万钱，而更徭租赋的费用要从这里支出。对于吃、穿、住、行这类的欲望，可以根据自己的喜好自由选择。所以说陆地牧马五十匹，养牛一百六七十头，养羊二百五十只，水泽里养猪二百五十头，水中占有年产鱼一千石的鱼塘，山里拥有成材大树一千株。安邑有千株枣树；燕、秦有千株栗子树；蜀、汉、江陵地区有千株橘树；淮北、常山以南，黄河、济水之间有千株楸树；陈、夏有千亩漆树；齐、鲁有千亩桑麻；渭川有千亩竹子；还有名都万户的都城，郊外有亩产一钟的千亩良田，或者千亩栀子、茜草，千畦生姜、韭菜，此类人财富可与千户侯的财富相等。然而这些是富足生活的资本，人们不用到市场上去察看，不用到外地奔波，坐在家中即可收获，身有隐士之名而取用丰足。假如到了家境贫穷，父母年老，妻子儿女瘦弱不堪，逢年过节无钱祭祀祖宗，也无钱聚集饮食，吃喝穿戴都难以自足，如此贫困还不感到羞愧，那就没有什么可比拟的了。所以，没有钱财只能出卖劳力，稍有钱财便要斗智求富，已经富足便争时逐利，这是常理。如今不会危及自身就能发财致富，那么贤人也会努力。所以，靠从事农业生产而致富为上，靠从事工商而致富次之，靠奸诈而致富是最低下的。没有隐居山野奇士的德行，而长期处于贫贱地位，爱好空谈仁义，也足以值得羞愧了。

【原文】

凡编户之民，富相什①则卑下之，伯②则畏惮之，千则役，万则仆，物之理也。夫用贫求富，农不如工，工不如商，刺绣文不如倚市门③。此言末业，贫者之资也。通邑大都，酤一岁千酿，醯④酱千瓨⑤，浆千甔⑥，屠牛、羊、彘千皮，贩谷粜⑦千钟，薪稿千车，船长千丈，木千章，竹竿万个，其轺车百乘，牛车千两，木器髤⑧者千枚，铜器千钧，素木、铁器若卮、茜千石，马蹄躈⑨千，牛千足，羊、彘千双，僮手指千，筋角、丹沙千斤，其帛、絮、细布千钧，文采千匹，榻布、皮革千石，漆千斗，糵曲⑩、盐、豉千荅，鲐、鮆⑪千斤，鲰⑫千石，鲍千钧，枣、栗千石者三之，狐、

貂裘千皮，羔羊裘千石，旃席千具，佗[13]果菜千钟，子贷金钱千贯，节驵会[14]，贪贾三之[15]，廉贾五之，此亦比千乘之家，其大率也。佗杂业不中什二，则非吾财也。

【注释】

①什：十倍。

②伯：百倍。

③刺绣文不如倚市门：纺织刺绣的收入不如开设店铺从事商业赚钱多。

④醯（xī）：醋。

⑤瓨（hóng）：长颈的瓮坛类容器。

⑥甔（dān）：陶制的容器，类似于坛子。

⑦粜（tiào）：卖出粮食。

⑧髹（xiū）：把漆涂在器物上。

⑨躈（qiào）：马的肛门。

⑩糵（niè）曲：指酒曲，或为酒的别称。

⑪鮆（cǐ）：刀鱼。

⑫鲰（zōu）：小杂鱼。

⑬佗（tuó）：其他。

⑭驵（zǎng）会：即驵侩，原指马匹交易的经纪人，后泛指经纪人、市侩。

⑮三之：三倍的收入，也有周转三次的意思。后文的

"五之"是五倍，周转五次之意。

【译文】

凡是编户的百姓，对于财富比自己多出十倍的人就会卑躬屈膝，多出百倍的就会惧怕人家，多出千倍的就会被人役使，多出万倍的就会做别人的奴仆，这是事物的常理。要从贫穷达到富有，务农不如做工，做工不如经商，刺绣文彩不如倚门出卖，这里所说的经商末业，是穷人致富凭借的手段。在交通便利的大都市，每年酿一千瓮酒，一千缸醋，一千坛饮浆，屠剥一千张牛羊猪皮，贩卖一千钟谷物，一千车柴草，总长千丈的船只，一千株木材，一万根竹竿，一百辆马车，一千辆牛车，一千件涂漆木器，一千钧铜器，一千件原色木器、铁器及染料，七十六匹马，二百五十头牛，两千头猪羊，一百个奴仆，一千斤筋角、丹砂，一千钧绵絮、细布，一千匹彩色丝绸，一千担粗布、皮革，一千斗漆，一千瓶酒曲、盐、豆豉，一千斤鲐鱼、鳘鱼，一千石小杂鱼，一千钧腌咸鱼，三千石枣子、栗子，一千件狐貂皮衣，一千石羔羊皮衣，一千条毛毡毯，以及一千种水果蔬菜，还有一千贯放高利贷的资金，促成牲畜交易的掮客，贪心的取交易额的三分之一作为佣钱，廉正的取五分之一作为佣钱，这一类人也可与千乘之家相比，这是大概的情况。其他杂业如果利润不足十分之二，那就不是我们追求的财富了。

【原文】

请略道①当世千里之中，贤人所以富者，令后世得以观择②焉。

【注释】

①略道：大略说说。

②观择：观察选择。

【译文】

请让我简略说明当代千里范围内，那些贤能者之所以能够致富的情况，以便使后世的人得以考察选择。

【原文】

蜀卓氏之先，赵人也，用铁冶富。秦破赵，迁卓氏。卓氏见①虏略，独夫妻推辇②，行诣③迁处。诸迁虏少有余财，争与吏，求近处，处葭萌④。唯卓氏曰："此地狭薄。吾闻汶山之下，沃野，下有蹲鸱⑤，至死不饥。民工于市，易贾。"乃求远迁。致之临邛，大喜，即铁山鼓铸，运筹策，倾⑥滇蜀之民，富至僮千人。田池射猎之乐，拟于人君。

【注释】

①见：被。

②辇：人拉的小车。

③行诣：步行前往。

④葭萌：古关名，位于今四川省广元市昭化区昭化镇。

⑤蹲鸱（chī）：此处指大芋头。

⑥倾：倾销。

【译文】

蜀地卓氏的祖先，是赵国人，靠冶铁致富。秦国击败赵国时，迁徙卓氏。卓氏被虏掠，只有他们夫妻二人推着车子，去往迁徙地方。其他同时被迁徙的人，稍有多余钱财，便争着送给主事的官吏，央求迁徙到近处，近处是在葭萌县。只有卓氏说："葭萌地方狭小，土地贫瘠，我听说汶山下面，是肥沃的田野，地里长着的大芋头形状像蹲伏的鸱鸟，人到死也不会挨饿。那里的百姓善于交易，便于做买卖。"于是就请求迁到远处，结果被迁移到临邛，他非常高兴，就在有铁矿的山里熔铁铸械，用心筹划计算，充分利用滇蜀地区的居民，以至富有到奴仆多达一千人。他在田园水池尽享射猎游玩之乐，可以比得上国君。

【原文】

程郑，山东迁虏也，亦冶铸，贾①椎髻之民②，富埒③卓氏，俱居临邛。

【注释】

①贾：与之通商做买卖。

②椎髻之民：梳着锥形发髻的土著居民。

③埒（liè）：等同，相等。

【译文】

程郑，是从太行山以东迁徙来的俘虏，也经营冶铸业，常把铁器制品卖给西南地区少数民族，他的财富与卓氏相当，都住在临邛。

【原文】

宛孔氏之先，梁人也，用铁冶为业。秦伐魏，迁孔氏南阳。大鼓铸①，规陂池，连车骑，游诸侯，因通商贾之利，有游闲公子之赐与名。然其赢得过当②，愈于纤啬③，家致富数千金，故南阳行贾尽法孔氏之雍容。

【注释】

①大鼓铸：大规模冶炼铸造。

②过当：超过平常收入。

③愈于纤啬：反而胜过了那些锱铢必较的吝啬鬼。愈：胜过；纤啬：斤斤计较。

【译文】

宛地孔氏的先祖，是梁人，以冶铁为业。秦国攻伐魏国后，把孔氏迁到南阳。他便大规模地经营冶铸业，并规划开辟鱼塘养鱼，车马成群结队，并经常游访诸侯，借此开通经商的便利，博得了游闲公子乐善好施的美名。然而他的盈利大大超出施舍花费的那点钱，胜过吝啬小气的商人，家中财富多达数千金，所以南阳人做生意全部效法孔氏的从容稳重和举止大方。

【原文】

鲁人俗俭啬，而曹邴氏尤甚，以铁冶起，富至巨万。然家自父兄子孙约①，俯有拾，仰有取，贳②贷行贾遍郡国。邹、鲁以其故多去文学而趋利者，以曹邴氏也。

【注释】

①约：订下家规。

②贳（shì）：租借，赊销。

【译文】

鲁地民俗节俭吝啬，而曹邴氏尤为突出，他靠冶铁起家，财富多达亿万钱。而且他父兄子孙都遵守这样的约定，低头有所拾，抬头有所得。他家租赁、放债、做买卖遍及各地。邹鲁地区有很多人放弃文献学术而追求发财的原因，都是受曹邴氏的影响。

【原文】

齐俗贱奴虏，而刀间①独爱贵②之。桀黠③奴，人之所患也，唯刀间收取④，使之逐渔盐商贾之利，或连车骑，交守相⑤，然愈益任之。终得其力，起富数千万。故曰"宁爵毋刀"，言其能使豪奴⑥自饶而尽其力。

【注释】

①刀（diāo）间：即刁间，西汉初年齐国人，是当时著名的大商人。刁间在齐国经营捕鱼、海水煮盐，成为巨富。

②爱贵：爱护，尊重。

③桀黠（jié）（xiá）：凶狠狡猾。

④收取：收留并重用。

⑤守相：郡守，国相。

⑥豪奴：有才能的奴仆。

【译文】

齐地风俗是认为奴仆低贱，而刀间却偏偏喜爱重视他们。凶恶狡猾的奴仆，是人们所担忧的，唯有刀间收留他们，让他们追逐渔盐商业上的利益，或者让他们乘坐成队的车马，去结交郡守国相，并且更加听任他们。刀间终于凭借他们的帮助，致富达数千万钱。所以有人说"与其出外求取官爵不如在刀家为奴"，说的就是刀间能使豪奴自身富足而又能为他竭尽其力。

【原文】

周人既纤①，而师史②尤甚，转毂③以百数，贾郡国，无所不至。洛阳街居在齐、秦、楚、赵之中，贫人学事④富家，相矜以久贾、数过邑⑤不入门。设任此等，故师史能致七千万。

【注释】

①纤：吝啬。

②师史：人名，姓师，名史。

③转毂：车辆。

④学事：学习效仿。

⑤邑：指洛阳。

【译文】

周地居民已经很吝啬，而师史尤为突出，他以数以百计的车辆载货返运赚钱，经商于各郡国中，无所不到。洛阳城处齐、秦、楚、赵等国的中心，街巷的穷人在富家学做生意，常以自己在外经商时间长，屡次路过乡里也不入家门来相互夸耀。因能任用这样的人，所以师史能积累多达七千万钱。

【原文】

宣曲任氏之先，为督道仓吏。秦之败也，豪杰皆争取金玉，而任氏独窖①仓粟。楚、汉相距荥阳也，民不得耕种，米石至万，而豪杰金玉尽归任氏，任氏以此起富。富人争奢侈，而任氏折节②为俭，力③田畜。田畜人争取贱贾④，任氏独取贵善⑤。富者数世。然任公家约⑥，非田畜所出弗衣食⑦，公事不毕则身不得饮酒食肉。以此为闾里率⑧，故富而主上⑨重之。

【注释】

①窖：窖藏。

②折节：屈己下人，低调谦卑。

③力：亲力亲为，亲自从事。

④贾：通"价"，价格。

⑤贵善：价格贵，品质好。

⑥家约：家规。

⑦弗衣食：不吃不穿。

⑧率：表率，榜样。

⑨主上：皇帝。

【译文】

宣曲任氏的先祖，担任督道仓的守吏。秦朝败亡之时，豪杰全都争夺金银珠宝，而任氏独自用地窖储藏米粟。后来，楚汉两军相持于荥阳，农民无法耕种田地，米价每石涨到一万钱，豪杰的金银珠宝全都归于任氏，任氏因此发了财。一般富人都争相奢侈，而任氏放下架子崇尚节俭，致力于农田畜牧。田地、牲畜，一般人都争着购买价格便宜的，任氏却专门买进贵且好的。任家数代都很富有。然而任氏家约规定，不是自家种田养畜得来的物品不穿不吃，公事没有做完自身不得饮酒吃肉。以此作为乡里表率，所以他富有而皇上也尊重他。

【原文】

塞之斥①也，唯桥姚②已致马千匹，牛倍之，羊万头，粟以万钟计。吴、楚七国兵起时③，长安中列侯封君行从军旅，赍贷子钱④，子钱家⑤以为侯邑国在关东，关东成败未决，莫肯与⑥。唯无盐氏出捐千金贷，其息什之。三月，吴、楚平。一岁之中，则无盐氏之息什倍，用此富埒关中。

【注释】

①塞之斥：西汉王朝鼓励开发边塞地区。斥：开发。

②桥姚：人名，姓桥，名姚。

③吴、楚七国兵起时：汉景帝时期，吴王刘濞带领七个王国发动叛乱，史称"吴楚七国之乱"。

④赍（jī）贷子钱：要借贷有息之钱。赍：携带；子钱：贷款；子：利息。

⑤子钱家：经营借贷业的人家。

⑥与：给予，放贷。

【译文】

边疆地区开拓之际，只有桥姚取得马千匹，牛是马的两倍，羊一万只，粟以万钟计算。吴、楚等七国起兵叛乱时，长安城中的列侯封君要从军出征，要借贷有息之钱，高利贷者认为列侯封君的食邑均在关东，而关东战事胜负尚未决定，没有人肯把钱贷给他们。只有无盐氏拿出千金放贷给他们，其利息为本钱的十倍。三个月后，吴、楚之乱被平定。一年之中，无盐氏得到十倍于本金的利息，由于这个缘故他的富裕与关中富豪相匹敌。

【原文】

关中富商大贾，大抵尽诸田①，田啬、田兰。韦家栗氏，安陵、杜杜氏，亦巨万。

【注释】

①田：田氏家族。

【译文】

关中地区的富商大贾，大都是田氏，如田啬、田兰。还有韦家栗氏、安陵和杜县的杜氏，家产也达亿万钱。

【原文】

此其章章①尤异者也。皆非有爵邑②奉禄③弄法④犯奸而富，尽椎埋⑤去就，与时俯仰⑥，获其赢利，以末⑦致财。用本⑧守之，以武一切，用文持之，变化有概⑨，故足术⑩也。若至力农、畜、工、虞⑪、商贾，为权利以成富，大者倾郡，中者倾县，下者倾乡里者，不可胜数。

【注释】

①章章：显著。

②爵邑：官爵封邑。

③奉禄：俸禄。奉通"俸"。

④弄法：违法犯罪。

⑤椎埋：劫杀人而埋之，泛指杀人。

⑥与时俯仰：根据时势行情变化而进退取舍。

⑦末：工商业。

⑧本：农耕业。

⑨概：状况，踪迹。

⑩术：通"述"，记述。

⑪虞：开发山林。

【译文】

以上这些人都是显赫有名、与众不同的人物。他们都不是有爵位封邑俸禄收入，或靠作奸犯科而发财致富的，全是靠冒着被椎杀后埋于荒野的风险去捕捉致富的机会，进退取舍随机应变，来获得赢利的机会，以经营工商末业致富，而用购置田产从事农业来守住财富。以武力一时获取，用文明方式维持下去，致富方式的变化是有规律的，所以值得认真地学习、研究。至于那些致力于农业、畜牧、手工、山林、渔猎或经商的人，凭借权势和财利而成为富人，大者富盖一郡，中者富盖一县，小者富盖乡里的人，更是多得不可胜数。

【原文】

夫纤啬①筋力②，治生之正道也，而富者必用奇胜。田农，掘业③，而秦扬以盖一州。掘冢④，奸事也，而田叔以起。博戏⑤，恶业也，而桓发用富。行贾⑥，丈夫贱行也，而雍乐成以饶。贩脂，辱处也，而雍伯千金。卖浆，小业也，而张氏千万。洒削⑦，薄技也，而郅氏鼎食。胃脯，简微耳，浊氏连骑。马医，浅方⑧，张里击钟。此皆诚壹之所致。

【注释】

①纤啬：节俭。

②筋力：辛苦劳作。

③掘业：笨拙的行业。掘：通"拙"。

④掘冢：盗墓。

⑤博戏：赌博。

⑥行贾：沿街叫卖。

⑦洒削：磨刀。

⑧浅方：浅薄的技术。

【译文】

要说精打细算勤劳节俭，是谋生的正路，但想要致富的人还必须出奇制胜。种田务农，是笨重的行业，而秦扬却靠它成为一州的首富。盗墓，是犯法的勾当，而田叔却靠它起家。赌博，是恶劣的行径，而桓发却靠它致富。行走叫卖，是男子汉的卑贱行业，而雍地乐成却靠它富饶。贩卖脂粉，是耻辱的勾当，而雍伯靠它挣到了千金。卖水浆，本是小本生意，而张氏靠它赚了一千万钱。磨刀，是小手艺，而郅氏靠它富到列鼎而食。羊肚，是微不足道的食品，浊氏却靠它富至车马成行。给马治病，原是浅薄的小术，而张里靠它富到击钟佐食。这些都是他们对自己的行业心志专一所致。

【原文】

由是观之，富无经业，则货无常主，能者辐凑，不肖者①瓦解。千金之家比一都之君，巨万者乃与王者同乐。岂所谓"素封"者邪？非也？

【注释】

①不肖者：无能的人。

【译文】

由此看来，致富并不靠固定的行业，而财货也没有一定的主人，有本领的人能够像车辐一样集聚财货，没有本领的人则会使财富土崩瓦解。有千金的人家可以比得上一个都城的封君，有亿万家财的富翁能同国君一样的享乐。这不就是所谓的"素封"者？难道不是吗？

下篇

《货殖列传》
商业解读

《货殖列传》评述

在《史记》这一辉煌的史籍中，司马迁不仅为我们勾勒出了古代中国的历史长河，更在其中穿插了自己的经济思想。其中，《平准书》与《货殖列传》这两篇文章，无疑是他经济思想的集中体现。《平准书》主要阐述了司马迁的财政和经济政策见解，而《货殖列传》则更多地聚焦于社会生产和交换方面的经济理念。这两篇文章虽然侧重点不同，但彼此之间却有着千丝万缕的联系，共同构成了司马迁经济思想的完整体系。

在《平准书》中，司马迁深入探讨了西汉武帝时期的经济政策和平准均输制度的起源与发展。这篇文章不仅系统地介绍了汉代以前的富国政策，还反映了一个大一统的封建集权制政府如何利用权力来调控市场、平衡物价，以维护社会稳定和经济发展。

另一方面，《货殖列传》则是一篇专门讲述商业经营之道的文章。在这里，司马迁不仅为那些成功的商人立传，还高度赞扬了他们在经济活动中所展现出的智慧和才干。他通过具体的历史实例，详细描述了商人如何致富、各地的商品交易情况以及经济状况对人民生活和社会风气的影响。

这两篇文献相互补充，一篇从宏观的角度分析国家的经济政策和财政政策，另一篇则从微观的角度观察社会经济活动和个人的经济行为。它们共同展现了司马迁深刻的经济洞察力和对社会经济发展规律的理解。

《史记》中的《平准书》和《货殖列传》是了解司马迁经济思想的两个重要窗口。通过这两篇文献的学习，我们不仅能够领略到古代中国经济政策的演变过程，还能够深刻理解个人在经济活动中的角色和作用，从而对现代社会的经济现象有更加全面的认识。

分工论

在《货殖列传》中，司马迁详细描述了各个行业的特点和发展状况。他通过对比农业、手工业、商业等行业的不同特点和发展情况，揭示了社会分工的必要性和合理性。这种认识不仅有助于我们理解古代社会的经济活动模式，也对现代社会的经济管理提供了有益的启示。

在《货殖列传》中，司马迁详细描述了各个行业的特点和发展状况，强调了不同职业之间的互补性以及各自的重要性。他认为，无论是农业生产还是手工业生产，都需要有专门的技能和知识来支撑。而商业作为连接生产和消费的桥梁，更是不可或缺的一部分。这种观点与现代经济学中的比较优势理论不谋而合，即每个个体或国家都应该专注于自己最具竞争力的领域进行生产或服务。

通过对各行业特点的描述和发展情况的分析，我们可以发现社会分工对于促进经济发展和社会进步具有重要作用。正如司马迁所说："夫物之利者，常出于贱。"这意味着那些看似微不足道的行业往往能够创造出巨大的价值。

《货殖列传》还反映了社会分工对于提高生产效率和促进技术创新的重要性。在不同的行业中，人们根据自己的专长选择适合自己的工作领域并不断深入研究探索新的技术和方法。例如，《考工记》记载，春秋时期，木工分为七类、金工分为六类、皮工分为五类、染工分为五类、玉工分为五类、陶工分为两类等，这些都说明了当时社会分工已经相当细致、复杂并且还在不断发展变化之中。这种专业化的发展趋势不仅提高了生产效率，降低了成本，而且还促进了新技术、新工艺的应用，推动了整个社会的进步与发展。

但同样重要的是，《货殖列传》也提醒我们要正确看待财富积累与分配问题。虽然追求经济利益是人之常情，但在获取财富的过程中应该遵循公平公正的原则，不能损害他人的利益，更不能破坏自然环境与社会和谐稳定。只有这样，才能真正实现可持续发展，让子孙后代也能享受到美好的生活资源、环境遗产。

我们可以看到，从古至今，无论时代如何变迁，社会分工始终是推动经济社会发展的重要力量之一。《货殖列传》以其独特的视角为我们展示了古代中国经济活动的真实面貌，同时也为我们提供了宝贵的历史经验和教训，值得我们在今天这个快速变化的时代里深入思考、学习、借鉴并应用到实际生活中去，为构建更加美好繁荣的社会贡献力量。

义利论

司马迁认为，追求正当的利益是人之常情，但同时也强调道德的重要性。在《平准书》中，他批评了汉武帝时期过度的财政紧缩政策导致民众生活困苦，从而引发社会动荡。他指出，当政者应当兼顾民生福祉和国家利益，实现个体和整体利益并重。这种观点体现了司马迁对于经济伦理的独特见解。

司马迁认为，追求物质财富是每个人的本性，这一点在《史记》中有明确的体现。他提出著名的"三富论"，将致富途径分为高低不同的三个层面：本富为上，末富次之，奸富最下。本富是指从事农业及畜牧业的生产致富，这是他最为推崇的方式；末富则是通过商业活动获得的财富，虽然不如本富高尚，但也有一定的合理性；而奸富则是依靠不正当手段获取的财富，是最不可取的。这种分类反映了司马迁对不同经济活动的价值判断，同时也揭示了他对道德规范的重视。

在《平准书》中，司马迁详细描述了汉武帝时期的财政政策及其对社会的影响。汉武帝为了加强中央集权和对外扩张，实施了一系列严格的财政措施。这些措施包括加重赋税、增加徭役等，使百姓的生活负担加重，甚至出现了贫困现象。司马迁认为，这种过度的财政紧缩政策不仅没有达到预期的效果，反而导致了社会的不稳定。他强调，当政者应当考虑民众的实际需求，不能一味追求国家的利益而忽视了民生福祉。

司马迁的观点与现代经济伦理的理念有相似之处。经济伦理是指直接调节和规范人们从事经济活动的一系列伦理原则和道德规范。它涵盖了宏观制度、中观组织和微观个人三个层面。在古代社会中，虽然具体的术语可能有所不同，但基本的理念是一致的。司马迁的思想表明，即使在两千多年前，中国的先贤就已经认识到经济活动与道德规范之间的紧密联系。

从历史的角度来看，汉朝的国家财政主要依赖于田租、算赋和更赋三项收入。财政支出中，官员俸禄与军费占据了很大的比重。随着时间的推移，特别是到了汉武帝时期，由于频繁的战争和大规模的工程建设，国家的财政压力越来越大。为了应对这一挑战，汉武帝采取了一系列措施来增加财政收入，但这些措施往往忽视了民众的实际承受能力。司马迁通过对这一历史时期的分析，提醒后人要警惕过度征税带来的负面影响。

司马迁在《史记》中所展现的义利观念是非常深刻的。他认为追求利益是人类的天性，但同时也强调道德的重要性。在他看来，真正的财富不仅仅是物质上的富有，更重要的是精神上的充实和社会责任感的体现。这种思想至今仍对我们有着重要的启示意义，提醒我们在追求经济发展的同时，不应忽视对社会公正和个人品德的培养。

善因论

善因论的核心在于顺应自然规律与社会发展的趋势，而非逆流而动。司马迁通过观察历史变迁，尤其是商业领域的兴衰更替，深刻体会到当政者若想有效促进经济发展，必须尊重并利用市场自身的运行机制，而非过度干预。他提出，最佳的管理方式是"因之"，即依据实际情况灵活调整政策，引导而非强制，教育而非命令，规范而非禁锢。这种思想体现了他对市场经济规律的深刻认识和尊重。

在《货殖列传》中，司马迁详细记录了多位成功商人的事迹，他们的故事不仅仅是个人奋斗史，更是对"善因论"生动的实践注解。例如白圭、猗顿等人物，他们的成功并非偶然，而是因为他们深谙市场之道，能够根据时局变化及时调整策略，把握住了时代赋予的机遇。这些实例告诉我们，无论是在古代还是现代，了解市场动态，顺应时代潮流，都是企业乃至国家经济发展的关键。

司马迁强调的"因之"，并非消极无为，而是积极主动地寻找和利用一切有利条件。这意味着，作为管理者，应当具备敏锐的洞察力和高度的灵活性，能够在复杂多变的市场环境中捕捉商机，同时避免不必要的行政干预，让市场机制自然发挥作用。这样的管理智慧，对于今天的政策制定者而言，依然具有重要的参考价值。

司马迁还警示我们，最糟糕的管理莫过于与民争利。历史上不乏政府直接参与市场竞争，试图通过垄断资源或操控价格来增加财政收入的例子，但结果往往适得其反，不仅抑制了民间经济的活力，也损害了执政者的公信力。因此，保持市场的公平竞争环境，减少不必要的政府介入，是维护经济健康发展的必要条件。

从《货殖列传》出发，我们还可以进一步思考，如何在全球化、数字化的今天，更好地实践"善因论"。随着科技的进步和全球市场的深度融合，经济活动的规模和复杂性前所未有。在这种情况下，管理者不仅要顺应国内经济发展的规律，更要有全球化的视野，理解不同经济体之间的相互依存关系，以及技术进步对传统产业模式的冲击。这就要求我们在制定政策时，既要考虑到本土特色，也要兼顾国际规则，实现内外联动的发展策略。

司马迁的"善因论"不仅是对古代经济管理经验的总结，更是跨越时空的智慧之光，为后世提供了宝贵的思想资源。在当今快速变化的经济环境中，这一理念提醒我们，无论技术如何革新，市场如何演变，尊重市场规律、顺应发展趋势、减少不当干预始终是推动经济持续健康发展的基本原则。正如古语所云："顺天应人，适时而为。"这既是对古人智慧的传承，也是对未来发展的指引。

积著之理

司马迁在《货殖列传》中还提出了"积著之理"，即积累财富的原则，强调了"务完物，无息币"。这意味着，商人应当追求货物的完好无损，避免货币闲置不用。他进一步阐释了商品流通中的规律，如"贵上极则反贱，贱下极则反贵"，指出价格波动的自然规律。同时，他还提倡"乐观时变"，即商人应具备敏锐的市场洞察力，能够在市场变化中发现商机，实现"人弃我取，人取我与"的经营策略。

司马迁认为，那些能够为社会发展作出贡献，掌握商品流通规律并具备优秀商业品质的理财家，其智慧和才能不亚于历史上著名的政治家、军事家和法家代表人物。这种评价极大地提升了商业经济在整个社会发展中的地位。

司马迁还对汉代统一所创造的有利商业环境表示了热烈的赞扬。他指出，"开关梁，弛山泽之禁"的政策为商业活动提供了广阔的空间，使得"富商大贾周流天下，交易之物莫不通，得其所欲"。这不仅体现了他对当时政策的认可，也反映了他对商业繁荣景象的喜悦之情。

《货殖列传》不仅是对古代商业活动的记录，更是一篇关于商品经济重要性的宣言。它通过对历史人物的描绘和商业规律的揭示，向我们展示了一个充满活力的商业世界，以及在这个世界中，智慧、勇气、仁义和坚韧不拔的精神是多么的重要。司马迁的这些观点，至今仍对我们理解经济发展和社会进步具有重要的启示意义。

分工的必要性

司马迁深刻洞察了老子"小国寡民"的理念在时代发展中的局限性。他指出，随着社会的演进，单一的农业社会结构已无法满足人们日益增长的物质和文化需求。因此，农、虞、工、商的社会分工变得尤为重要，这种分工不仅促进了物质资料的生产和交换，还为人类社会的其他活动提供了可能。司马迁认为，社会物质的生产和交换活动是永不停息的，它们遵循着"自然之验"的发展规律，不受任何政令的约束，也不以任何人的主观意志为转移。这一观点打破了当时流行的天命决定人事和政教是社会历史动因的观念，使司马迁对整个社会历史的观察分析建立在朴素的唯物论认识的基础之上。

基于这样的认识，《货殖列传》首次提出了一份全国范围内物质资源概略的考察报告。这份报告详细列举了山西、山东、江南、龙门及碣石北等地所出产的有经济价值的动植物、矿物等资源，以及"铜、铁则千里往往山出棋置"的分布盛况。司马迁通过这些实例，肯定了物质资源的重要性，指出它们是形成社会生产和充实人们生活的必备条件。他认为，只有丰富的物质资源，才能实现农、虞、工、商的生产分工，从而推动社会的发展和进步。

进一步地，司马迁在《货殖列传》中还探讨了物质资源的分布与利用对社会经济发展的影响。他认识到，不同地区的自然资源禀赋差异导致了经济发展的不平衡性。例如，某些地区可能因为拥有丰富的矿产资源而成为工业中心，而其他地区则可能因为肥沃的土地而成为农业重镇。这种由自然资源分布决定的社会经济格局，对我们今天理解区域经济发展的差异性和互补性仍具有参考价值。

《货殖列传》还强调了物质资源的可持续利用问题。司马迁意识到，无节制地开发和消耗自然资源将会导致资源的枯竭和社会的衰败。因此，他提倡合理开发和利用资源，以实现社会的长期稳定和发展。这一观点在当今环境问题凸显和资源短缺的背景下显得尤为重要。

汉代商品经济的发展

在西汉，商品经济的繁荣发展不仅极大地丰富了社会物质财富，也为司马迁等历史学者研究社会经济提供了广阔天地。这种繁荣景象，如同一幅细腻丰富的画卷，在司马迁的笔下徐徐展开，成为《货殖列传》中生动的历史叙述。

西汉的商业经济，得益于当时完备的货币体系和发达的交通网络，商品的流通变得更加便捷。五铢钱作为主要的交易媒介，简化了交易过程，加速了商业活动的频繁进行。同时，河流与陆路交通的发展，使各地特产得以迅速交流，从而大大促进了区域间的经济互补与发展。这一时期，农业领域的商品化也日益明显，农产品开始进入市场，成为交易的对象。这不仅反映了农业生产效率的提升，更标志着市场经济对传统农业模式的深刻影响。

《货殖列传》中，司马迁以其深邃的历史视野和敏锐的观察力，勾勒出了西汉商业经济的五大区域：关中、三河、齐鲁、越楚、南阳。每个区域都有其独特的经济特色和发展轨迹。例如，关中地区依托其得天独厚的地理位置和肥沃的土地，成为农业生产的重要基地；而齐鲁地区则以手工业著称，技术复杂、品种多样的手工业产品远销四方。司马迁通过对这些区域的细致描绘，展示了商品经济如何在各个地域间形成互补和互动。

在这些区域中，城市扮演着至关重要的角色。城市不仅是商品的集散地，也是文化交流的中心。长安、洛阳等大城市，因其政治、文化和经济的集中优势，成为全国商业活动的枢纽。这些城市的兴起和发展，不仅推动了当地经济的繁荣，也带动了周边地区的经济进步。

司马迁在《货殖列传》中的评述虽然不完全准确，但他对商品经济发展的多样性和生产规模有着深刻的认识。他看到了商品流通在社会生活中呈现出的生命力，这种观点在当时无疑是具有前瞻性的。他的论述，不仅为商品生产的现实性和合法性提供了理论支持，更是对当时盛行的重农抑商思想的一种挑战和反思。

重农抑商的政策虽然在一定程度上巩固了新兴地主阶级的利益，促进了封建经济的发展，但其对工商业的限制逐渐暴露出弊端，阻碍了商品经济的发展，并不利于资本主义萌芽的产生和发展。司马迁的观点和论述，为后世的经济思想提供了新的视角和思考方向。

《货殖列传》不仅是一篇记录汉代商业活动和经济思想的历史文献，更是一篇展示当时社会经济全貌的重要资料。司马迁通过这部作品，不仅让我们窥见了汉代商品经济的繁荣景象，更激发了后人对于经济规律和社会发展的深入思考。

《货殖列传》的写作动机

司马迁在《太史公自序》中提到，撰写《货殖列传》的动机源自对当时政治环境的深刻反思。他意识到，即便是普通的百姓，只要不干预政事、不妨碍他人，通过智慧和时机积累财富也是值得肯定的。这种观点在当时的社会背景下显得尤为前卫，因为它突破了传统的儒家思想框架，强调了个人经济活动的重要性和合理性。

司马迁并未直接表达这一观点，而是采用了一种更为微妙和隐晦的方式。钱锺书先生在《管锥编》中的评价为我们提供了理解这一点的关键："斯传文笔腾骧"，意味着文中的语言运用既生动又富有力量；"卓识钜胆"则指出司马迁具有非凡的见解和勇气；"洞达世情"表明他对现实世界有着深刻的理解；"敢质言而不为高论"则是说司马迁敢于直言不讳，不流于空洞无物的理论探讨。这些特点共同构成了《货殖列传》独特的风格。

《货殖列传》中的一些言论，如"虽户说以眇论，终不能化""善者因之，最下者与之争"，以及同为《史记》篇中的《管晏列传》"仓廪实而知礼节，衣食足而知荣辱"，都揭示了一个基本事实：物质基础决定上层建筑。司马迁通过对商人的描述，赞扬了他们的经营才能和对社会经济的贡献，同时也批评了那些空谈仁义而忽视实际利益的儒生。他称富商为"贤人"，而将那些长期贫穷却好谈论道德的人视为"足羞"。

特别值得一提的是，司马迁还提到了"贤人深谋于廊庙，议论朝廷"，这暗示了即使是在权力中心进行深思熟虑的讨论，最终也往往是为了追求财富。他将这些人与任侠少年、赵女郑姬、游闲公子相提并论，绘制了一幅由利益驱动的社会图景。这样的描述不仅揭示了将军、宰相、处士、儒生等人物追求财富的本质，还剥去了他们正谊明道的虚伪外衣，展现出其讽刺之辛辣。

《货殖列传》不仅是一篇关于商业活动的记录，更是一篇深刻的社会评论。司马迁巧妙地利用历史人物的故事来表达了自己的观点，也展示了自己的智慧和胆识。

《货殖列传》的文学性

《货殖列传》之所以能在历史文献学上占据举足轻重的地位，首先得益于它开创了正史记载经济内容的先例。在此之前，史书多聚焦于帝王将相的政治军事活动，而司马迁则大胆地将笔触延伸至经济活动领域，详细记录了那些通过智慧与勤劳积累财富的人物故事。这一创举不仅丰富了历史叙述的内容维度，更为我们理解古代社会的经济结构、商业发展乃至人民生活水平提供了宝贵的第一手资料。

从创作手法上看，《货殖列传》展现了司马迁高超的叙事技巧与深刻的历史洞察力。他并未简单地罗列人物事迹，而是巧妙地将阐发议论、记叙物产与传述人物三者紧密结合，使得整篇文章既有条不紊又不失灵动。初读之下，或许会因其结构的复杂性感到困惑，但细品之后，便会发现其布局之精妙，逻辑之严密，每一段文字都紧密围绕着中心思想展开，如同一幅精心绘制的经济画卷徐徐展开，让人叹为观止。

文章中，司马迁以关中、巴蜀、天水、北地、上郡等地为例，详细阐述了这些地区在当时经济版图中的重要地位与特色。这不仅是对地理空间的描述，更是对区域经济差异、资源分布以及各地经济发展模式的深刻剖析。通过这些具体的案例，读者能够清晰地看到汉世承六国之遗，抚临郡国，相奖势力，尽天下皆然的局面。在这样的背景下，有能力的人得以脱颖而出，凭借其卓越的商业才能和敏锐的市场洞察力，实现了个人的财富积累，同时也推动了整个社会经济的发展。

《货殖列传》还深刻揭示了经济活动与社会政治之间的紧密联系。司马迁指出，无论是封建社会的形成还是初步发展，经济的繁荣都离不开政治环境的稳定与政策的支持。铁农具的普及、封建经济的发展以及中央集权的加强，共同为秦汉时期的繁荣奠定了坚实的基础。同时，"百家争鸣"的思想环境也为文化繁荣提供了丰富的土壤，促进了社会的进步与发展。

郭嵩焘在《史记札记》中的评价指出了司马迁的《货殖列传》不仅仅是一篇关于财富积累的记录，更是一部深刻揭示社会经济结构及其变迁的历史文献。这部作品不仅展现了古代中国社会的经济面貌，而且通过生动的人物描写和深刻的历史分析，展示了财富背后的智慧与策略。

司马迁对这些货殖家的成功经验进行了深入的总结和提炼，使之具有了更高的历史价值和现实意义。《货殖列传》不仅是对个别成功商人故事的简单叙述，更是对当时社会经济状况的一种全面反映。它揭示了财富积累过程中的各种因素，包括个人的努力、时代的背景、政策的导向等，为后人提供了宝贵的历史资料和启示。

郭嵩焘还提到了班固对司马迁传货殖的批评，认为其"崇势利而羞贱贫"。然而，这种看法显然是片面的。实际上，《货殖列传》并非单纯赞美财富或贬低贫穷，而是试图从更广阔的角度去探讨经济活动对社会结构和人民生活的影响。司马迁通过对不同类型人物的分析，展现了一个复杂多面的社会经济图景，这对理解古代中国乃至今天的社会发展都有着重要的参考价值。

《货殖列传》作为《史记》中的重要组成部分，不仅记录了中国古代经济发展的重要阶段和特点，同时也反映了作者对于人性、社会制度以及经济规律等方面的深刻思考。通过这部作品，我们可以更好地理解过去，并从中汲取智慧，创造更美好的未来。

从形式上看，《货殖列传》采用传记体的写作方式，以人物为中心，围绕他们的生平事迹展开叙述。这种结构使得整篇文章条理清晰、层次分明，易于读者阅读和理解。同时，司马迁还运用了丰富的修辞手法和文学手法，如比喻、拟人等，使得文中人物更加生动形象，增强了可读性和感染力。

《货殖列传》对于今人的意义

《货殖列传》强调了劳动的价值和意义。在古代社会，劳动被视为创造财富的根本途径之一，而这一点在今天的社会中同样适用。无论是体力劳动还是脑力劳动，都是推动社会发展进步的重要力量。正如文中所述："夫千乘之王，万家之侯，百室之族，尚犹患贫，而况匹夫编户之民乎！"这句话提醒我们，无论处于何种社会地位的人都应该重视劳动的重要性，并通过自己的努力去改善生活条件。此外，文章还提倡将诚实劳动和合法经营作为获取财富的主要方式，反对任何形式的欺诈行为。这种观点不仅有助于建立一个公平公正的市场环境，也为个人提供了实现自我价值的平台。

《货殖列传》倡导一种公平竞争的市场秩序。"《周书》

曰：农不出则乏其食，工不出则乏其事，商不出则三宝绝，虞不出则财匮少。"这句话表明了各行各业都有其存在的意义与价值，只有当每个行业都能够健康发展时，整个社会才能繁荣昌盛。然而，在实际操作过程中，如何确保各个行业之间能够形成良性竞争而非恶性竞争呢？这就需要建立一套完善的法律体系来规范市场行为，在保护消费者权益的同时也维护生产者的合法权益。例如，政府可以通过制定相关政策鼓励创新和技术改进，从而提高产品质量和服务水平；同时也可以加大对不正当竞争行为的监管力度，严厉打击制售假冒伪劣商品等违法行为，营造一个良好的营商环境。

除了上述两点之外，《货殖列传》还教会了我们一个深刻的道理：无论身处何种环境之下，都应该保持一种积极向上的心态以及奋发有为的精神风貌。"故物贱之征贵，贵之征贱，各劝其业，乐其事，若水之趋下，日夜无休时，不召而自来，不求而民出之。岂非道之所符，而自然之验邪？"这意味着市场价格的变化往往是由多种因素共同作用的结果，并非单凭个人意愿就能轻易改变的。因此，在面对困难或挑战时，我们应该学会调整自己的心态，积极寻找解决问题的方法而不是一味地抱怨或者逃避现实。只有这样，才能真正把握住机遇，在激烈的社会竞争中立于不败之地并最终实现自己的人生目标。

但同样重要的是，《货殖列传》以其深邃的历史眼光、独到的见解以及瑰玮奇变的文笔成为中国历史上一部不可多得的经济学经典作品。它为我们提供了关于中国古代经济发展历史的宝贵资料，其中蕴含的思想观念至今仍对我们有着重要的启示作用。比如，"天下熙熙，皆为利来；天下攘攘，皆为利往。"这句名言揭示了人类追逐利益的本性，同时也反映了社会运行的基本规律。另外，"富者必用奇胜"则强调了创新思维的重要性，鼓励人们在日常生活工作中不断探索新方法、新技术以提高效率，降低成本。

总而言之，《货殖列传》不仅仅是一篇史书中的列传篇章，更是一部富含智慧的伟大著作。对它进行学习研究，不仅可以让我们更加深入地了解中国古代的经济状况及其发展脉络，而且还能够帮助我们在当今这个快速变化的时代里找到正确的方向，作出明智的选择。希望每一位读者都能从中获得启发，并将所学到的知识应用于实践当中，共同促进和谐社会的建设与发展。

司马迁的商业观

对于财富的追求是人的本性欲望

司马迁在《货殖列传》中提出了一个引人深思的观点："富者，人之情性，所不学而俱欲者也。"这句话深刻地指出了人们对财富的渴望是天生的、普遍的，是无须学习就会自然产生的欲望。这种欲望超越了社会阶层、职业和文化的差异，成为推动人类进步的基本动力。司马迁进一步阐述道："天下熙熙，皆为利来；天下攘攘，皆为利往"，形象地描述了人们在追求利益的过程中熙熙攘攘的景象。

司马迁通过对各种社会角色的分析，展示了不同人群在追求财富时的共性。无论是深谋于廊庙的"贤人"，还是在军队中奋战的壮士；无论是劫人作奸的少年，还是借交报仇的任侠；无论是连车骑的游闲公子，还是舞文弄法的吏士；乃至于出不远千里不择老少的赵女郑姬和博戏驰逐、斗鸡走狗之徒，他们的生活目的同样都只有一个，那就是竭尽全力去追索财货。其中当然更包括了"医方诸食技术之人"与"农工商贾畜长"。在这里，司马迁排除了一切社会政治道德观念和职业性质的差别，深刻地揭示出人们的社会心理本质，并把它视为构成人类一切社会活动的原动力。

司马迁的这种观点，实际上是对当时儒家只言义不言利的虚伪的一次有力攻击。在富利思想的支配下，贫穷当然是人们最害怕的："夫千乘之王，万家之侯，百室之君，尚犹患贫，而况匹夫编户之民乎！"司马迁以此嘲笑了那些自甘贫贱的儒生，并认为由于社会财富占有的不平等所产生的奴役与被奴役的现象，也是符合规律的，不值得大惊小怪。

在司马迁看来，追求财富和利益是人类社会发展的原动力。这一点在今天来看依然有着现实意义。现代社会虽然物质极大丰富，但人们对于财富的追求却并未停歇，反而呈现出更加复杂多样的形式。从个人的职业选择到国家的经济政策，无不体现出对利益的考量和追求。因此，理解并正确引导这种追求财富的心理，对于促进社会经济健康发展具有重要意义。

司马迁在《货殖列传》中还提出了一些值得我们反思的问题。例如，他在描述不同人群追求财富的行为时，似乎在暗示一种观点：在财富面前，人性的某些弱点可能会被放大。这一点对于我们理解当前社会中的一些现象，如腐败、欺诈等不正之风，提供了历史的视角和思考的深度。

司马迁在《货殖列传》中提出的关于"富"与"利"的思想，不仅是对古代社会经济活动的深刻反映，也为我们理解现代社会中的经济现象提供了宝贵的视角。通过深入分析这些思想，我们可以更好地把握人类社会发展的脉络，以及个体在其中的位置和作用。同时，这也提醒我们在追求财富的同时，不应忽视社会伦理和道德建设，以免陷入单纯的物质追逐而失去精神追求。

财富的重要性

司马迁深入阐述了发展经济以增强国家和人民财富的重要理念。他认为农业、工业、商业和林业是民众衣食的来源，这四个行业的发展能够带来民众的富足和国家的强盛，反之，衰退则会带来民众的贫困和国家的衰弱。因此，资源丰富则产出丰富，资源匮乏则产出稀少。在上可以富国，在下可以富家。

司马迁认为，能否通过推动社会生产和交换的发展来积累财富，关键在于智慧的运用："贫富的获取与失去，没有人能随意给予或夺走，但聪明的人总能有余，笨拙的人总是不足。"

《货殖列传》中还特别总结了先秦时期通过经济发展而使国家和家庭富裕的典型例子。春秋时期的齐国，从太公望鼓励女子从事女红，精通各种技巧，又让人们通商鱼盐，使海岱之间的人们纷纷前来朝拜。到管仲设立轻重九府，使齐桓公得以称霸，最终使齐国"富强至威、宣"，这是因富而不断强大的一个例子。越王勾践在与吴国的战争中失败后，被困在会稽并奋发图强，发展经济，"修之十年，国富"，结果以强大的经济实力作为后盾，洗刷了会稽被困的耻辱，"遂报强吴，观兵中国，称号'五霸'"，这是由衰败跃为霸主的例子。

同样的思想在《史记》的其他叙述中也有表现。例如，讲秦自商鞅变法后，因发展经济，实力增强，而最终统一中国；在建立秦王朝以后，不集中力量发展生产，一味大肆兴作，耗费民力、物力，使"男子疾耕不足粮饷，女子纺绩不足衣服"，最后在陈涉"首难"的形势下而灭亡；而汉初与民休息，发展经济以至出现文景盛世，使武帝得以凭借强大国力而有所作为。这些记载，都是司马迁关于经济思想更为深刻的综合表述。

在富家方面，《货殖列传》举出了陶朱公、子贡、白圭、猗顿、郭纵、乌氏倮、巴寡妇清等，满怀热情地记叙了他们的理财故事。特别是他指出，孔子的名声布扬天下与子贡的富足有密切关系，肯定了"倮鄙人妆长，清穷乡寡妇"能够受到秦始皇的青睐而"礼抗万乘，名显天下"，就是因为他们特别富有。这说明拥有充足的财富就足以使君主折服，司马迁有意宣扬了财富所具有的巨大魅力。

与此同时，司马迁还发挥了管仲的思想，论述了道德教化与经济发展的关系。他指出，要使人民遵循一定的道德规范，当政者必须首先在经济发展方面满足他们最基本的生活要求，否则，一切道德礼义都只能是空洞的说教，会变得毫无意义。所谓"礼生于有而废于无""人富而仁义附焉"，就是这一思想最为现实的精确表述。

创造财富的商人并不可耻

在司马迁的《货殖列传》中，我们不仅能够窥见古代商人的生活面貌，还能够感受到作者对于商业财富的深刻理解和独到见解。司马迁通过细致的观察和深入的分析，展现了一个丰富多彩的商业世界，其中充满了智慧、策略和勇气。

司马迁详细描述了从事各种商业活动的杰出人物。他们或是通过畜牧业、渔业、林业等传统行业积累财富，或是通过酿造、车船、屠宰、帛絮皮裘、果品诸业以及"子贷金钱"等城市中的商业活动获得利润。这些商业经营者们不仅拥有巨大的财富，而且享有崇高的社会地位，他们的成功故事激励着一代又一代人投身于商业活动。

司马迁在文中强调了比价观念的重要性，他认为商人应该善于运用商品流通过程中的比价观念来获取利润。通过详细的统计数据和经济分析，司马迁揭示了商业经营家们是如何通过精明的经营策略和对市场动态的敏锐洞察来获得巨大财富的。这种对商业智慧的赞美和对商业成功的推崇，在当时的社会背景下显得尤为突出。

司马迁还特别提到了那些因商致富的人物，如蜀卓氏、山东迁虏程郑、宛孔氏、鲁人曹邴氏、齐刁间、周人师史、宣曲任氏、桥姚和长安无盐氏等。这些人的故事不仅展示了他们的财富规模，更重要的是，体现了他们的才能和品德，司马迁称这些商业财富的拥有者为"贤人"。

例如，蜀卓氏的田池射猎之乐堪比人君，山东迁虏程郑的财富与卓氏相当，宛孔氏的家产高达数千金，鲁人曹邴氏富至巨万，影响所及，邹、鲁因其故多去文学而趋利；齐刁间善于使用桀黠奴起富数千万，周人师史致七千万；宣曲任氏因看准形势经营粮食富者数世，而且特别艰苦廉洁，以此为闾里率，故富而主上重之；桥姚拓边畜牧，致马千匹，牛倍之，羊万头，粟以万钟计；长安无盐氏于平定吴楚七国叛乱时出捐千金贷，其息什之，一年之中富埒关中。其他还有亦巨万的关中富商大贾。

这些商业财富的拥有者们并没有依赖官爵封邑或俸禄收入，而是通过自己的勤劳和智慧获得了成功。他们的社会地位并不是依靠传统的封建等级制度得来的，而是基于他们对社会的贡献和个人的品德。这种现象在当时的社会中是罕见的，因此，司马迁对他们的成就表示了极大的赞赏和钦佩。

司马迁的这种观点反映了他对传统封建等级政治制度的蔑视。他认为商业财富的拥有者应该得到社会的尊重和仰慕，因为他们的成功是基于个人的努力和才能，而不是依赖于出身或地位。这种思想在当时是非常先进的，它挑战了传统的等级观念，提倡了一种更加平等和公正的社会价值观。

司马迁在《货殖列传》中所展现的商业智慧、对商业成功的推崇以及对传统封建等级制度的批判，都是非常具有前瞻性的思想。

商人是推动社会进步不可或缺的一股力量

《货殖列传》不仅仅局限于对财富的颂扬和肯定，更深层次地探讨了社会变迁中财富分配的合理性。通过这篇文章，司马迁提出了"富无经业，则货无常主，能者辐凑，不肖者瓦解"的观点，挑战了传统的封建等级制度，并倡导按照个人才能和成就进行财富和社会地位的再分配。这一思想在当时的社会背景下具有划时代的意义，为后世提供了重要的经济理论参考。

《货殖列传》的撰写背景与司马迁个人经历紧密相关。司马迁生活在西汉时期，那是一个社会经济迅速发展、商品经济日益繁荣的时代。他目睹了商人阶层的崛起以及他们对社会经济生活的巨大影响。然而，当时的儒家思想仍然占据主导地位，商人虽然富有，但在社会上并不受尊重。这种矛盾激发了司马迁深入思考财富与社会价值之间的关系。

在《货殖列传》中，司马迁详细记录了多位著名商人的事迹，如范蠡、子贡等，他们不仅拥有巨大的财富，而且在政治和社会上也具有一定的影响力。这些案例展示了财富并非固定不变的，而是随着个人的能力和努力而流动的。司马迁通过这些生动的故事传达出一个核心观念：财富应该属于那些真正有能力管理和运用它的人。

《货殖列传》还探讨了财富对社会发展的积极作用。司马迁认为，财富不仅仅是物质上的积累，更是推动社会进步的重要力量。商人通过贸易活动促进了各地之间的交流与合作，加速了技术的传播和文化的交融。因此，财富不应被视为一种罪恶或是低人一等的象征，而应被看作是社会发展不可或缺的一部分。

更为重要的是，《货殖列传》提出了一种全新的社会价值观。在那个时代，官爵和血统往往决定了一个人的社会地位和权力大小。但是，司马迁却认为，真正的才能和贡献才是衡量一个人价值最重要的标准。这种观点直接挑战了当时社会的等级制度，为普通百姓提供了一条通过自身努力改变命运的可能的途径。

司马迁眼中的农商平衡之道

司马迁生活在汉武帝时期，那时的汉朝刚刚结束了长期战争，社会经济急需恢复发展。他看到商业经济活跃带来的社会财富增长和政治局面安定，主张农业和商业都要发展，并提出了"农末俱利"的观点。然而，他的这种观点在当时并未引起太大的注意，这也反映了他的思想超前于当时的社会认知。尽管如此，司马迁的研究仍为我们提供了宝贵的历史资料。

在中国古代社会，重农抑商是一项基本国策，从战国时期开始便一直延续下来。这一政策体现在对商人的限制、加重商人家庭的赋税以及对商业活动的专卖制度等方面。尽管当时重视农业是国家的根本，但农民的地位并未因此得到提高，他们仍然受到统治者的剥削。

司马迁认为，商业的发展对社会财富的增长和政治局面的稳定起到了重要作用。他在文章中高度评价了一些杰出的商人，如吕不韦等人。他们的成功证明了商业活动在社会经济中的重要地位。

司马迁主张农业和商业应该同等重要，他提出了"农末俱利"的观点。他认为，商业所积累的财富最终应该用来加强农业，使农业和商业都能得到发展。这种观点在当时虽然并未受到太多重视，但却体现了司马迁对于商品经济发展的深刻理解。他也意识到，商业的发展需要冲破封建约束，寻找新的广阔道路。但受限于时代背景，他未能提出更为具体的解决方案。

司马迁的商业观念在当时具有前瞻性，但他的思想仍受到时代背景的局限。尽管如此，他对商业发展的研究和见解仍为我们提供了宝贵的历史资料和启示。

在当今社会，我们应该如何看待古代的经济政策和思想家的观念呢？首先，我们要认识到历史与现实的区别。古代的社会环境、政治体制和经济结构与现代有很大不同，我们不能简单地将古代的观念套用到现在。然而，古代的经济思想和观念仍然具有一定的借鉴意义。例如，司马迁提出的"农末俱利"观点强调了农业和商业的平衡发展，这在当今社会仍具有重要意义。

在现代社会，商业和工业已经成为推动经济发展的重要力量。我们应该如何在继承和发扬古代经济思想的基础上，探索适合现代经济发展的道路呢？一方面，我们要继续深化改革，优化产业结构，推动经济的高质量发展。另一方面，我们要加强科技创新，培育新的经济增长点，为经济发展提供新动力。同时，我们还要注重社会责任，实现经济效益与社会效益的统一。

司马迁的"农末俱利"观念为我们今天的经济发展提供了有益的启示。我们应该在继承和发扬古代经济思想的基础上，结合现代实际，不断探索创新，推动中国经济的持续健康发展。只有这样，我们才能更好地理解和利用历史资料，为经济发展提供有力支持。

《货殖列传》中，司马迁明确指出了发展商业经济对于国家富强的重要性。他通过一系列生动的历史人物和事件，展现了商业活动在推动社会经济发展中的核心作用。例如，他对范蠡、子贡等大货殖家的详细记载，不仅展示了他们的商业才能和成就，更重要的是，通过他们的故事，传递出一种观念：在农业社会背景下，预测岁时的丰歉，并据此决定商业经营的内容，是实现财富增长的关键。

顺应自然规律，适度引导

在司马迁的《货殖列传》中，我们能够窥见一位古代学者对于社会生产发展的深刻洞见。他主张，最佳的指导方式是顺应自然规律，适度引导，并辅以教诲与规范。这种观点不仅反映了他对当时社会经济状况的深入分析，也体现了他对国家经济政策的批判性思考。

司马迁认为，社会的繁荣发展应当遵循自然的脉络，而非人为地强行干预。他强调，政府的角色应该是引导者和教育者，而不是直接的利益争夺者。在他的理论体系中，"善者因之"意味着最优秀的政策是那些能够顺应自然和社会发展趋势的政策。这样的政策能够激发人们的创造力和生产力，从而推动社会的整体进步。

进一步来说，司马迁提倡的是一种以民为本的统治哲学。他认为，国家的强盛不应建立在剥夺民众利益的基础之上，而应通过合理的政策引导，使民众能够在公平的环境中获得发展的机会。《货殖列传》中提到"其次利导之"，这表明在无法完全顺应自然的情况下，政府应当采取措施来引导经济发展的方向，确保资源的合理分配与社会的和谐稳定。

教诲和规范也是司马迁认为不可或缺的治理手段。他指出，除了物质利益的追求，精神和道德的教育同样重要。这不仅仅是对个人的教导，更是对整个社会风气的塑造。"其次教诲之"，通过教育和引导，可以提高民众的道德水平和自我管理能力，这对于维护社会秩序和促进经济发展都具有重要意义。

司马迁明确反对国家采取"与民争利"的政策。他认为这种做法不仅损害了民众的利益，也破坏了社会的公平正义。"最下者与之争"，将国家置于与民众对立的位置，这是治理国家最为失败的做法。因此，他强调，真正的良政应当是让利于民，与民众共同分享发展的成果。

在现代社会，司马迁的这种思想依然具有重要的启示意义。面对日益复杂的经济环境和不断涌现的社会问题，如何制定出既能促进经济发展又能保障社会公平的政策，是每一个国家和地区都需要深思的问题。司马迁的观点提醒我们，政策的制定应当以人为本，尊重市场规律，避免过度干预，同时注重教育和道德建设，以此来实现社会的长期稳定和繁荣。

司马迁的思想也为我们提供了反思当前一些经济现象的视角。例如，在全球化背景下，一些国家为了追求短期经济增长而忽视了环境保护和资源可持续利用的问题。这种做法与司马迁倡导的顺应自然、注重长远发展的理念相悖。因此，从司马迁的角度看，这些做法不仅不利于经济的健康发展，还可能给后代带来不可逆转的损害。

司马迁在《货殖列传》中所展现的经济思想和治国理念，不仅是对古代中国社会经济状况的深刻反思，也为我们今天处理类似问题提供了宝贵的参考。他的这些观点跨越时空的限制，对于任何时代的国家治理都具有普遍的指导意义。

《货殖列传》是商人列传吗

《货殖列传》为何叫货殖列传而不叫商人列传或商贾列传呢？可能很多读者在一开始看到《史记》中的这篇文章时也会有如此的疑惑。

古代商贾都由官府主导吗

清末著名学者俞樾认为，在古代，商贾都是由官府主导的。他引用了子贡的例子，子贡不接受官府的命令而自行从事商业活动，通过买卖货物来获取利润。俞樾解释道，这是因为子贡没有接受官府的命令，而是用自己的私人财产进行低价买入、高价卖出，以追求百分之十的利润。因此，他并不属于官府管辖下的商人，所以不被称为商贾，而是被称为货殖。

这一观点是数十年来的流行见解，即认为古代的商贾都是由公家主导的。有人认为，春秋时期，工商都是世袭制，为贵族服务，而不是民间自由经营的事业。然而，这种观点并不准确。

第一，我们需要明确一点，古代的商贾并非完全由官府主导。虽然官府在一定程度上对商业活动进行了管理和规范，但并不意味着所有的商贾都是官府的下属或雇员。实际上，古代社会中存在着大量的私营商人和手工业者，他们通过自己的努力和智慧，开展各种商业活动，为社会经济的发展作出了重要贡献。

第二，我们不能忽视古代社会中的市场经济因素。尽管官府对商业活动有一定的干预和限制，但市场仍然是一个相对自由的竞争环境。商人和手工业者可以根据市场需求和价格变化，自主决定生产什么、销售什么以及如何定价。这种市场经济的存在，使得古代社会的商业活动具有一定的活力和创新性。

第三，我们还需要考虑到古代社会的多元经济结构。除了官府主导的商业活动，还存在着农业、手工业、畜牧业等多种经济形态。这些不同的经济形态相互交织、相互影响，共同构成了古代社会的复杂经济体系。因此，将古代商贾简单地归结为官府主导是不准确的。

第四，我们还应该关注到古代社会中的商人阶层的变化和发展。随着时间的推移和社会的进步，商人阶层逐渐壮大并形成了自己的组织和规则。他们通过行会、商会等形式，维护自己的利益和地位，同时也为社会经济的发展提供了更多的动力和支持。

据曲英杰的研究，官府手工业制度在春秋时期前后均长期存在，但其性质和运作方式与后世的官营商业有所不同。春秋时期的官府手工业主要集中于兵器、礼器、车马等重要物品的生产，这些行业往往由国家直接控制和管理，以确保其质量和供应的稳定性。然而，这并不意味着春秋时期存在所谓的"官府经营的商业"。

《国语·晋语四》中提到的"工商食官"之"商"，实际上指的是官贾，即受雇于官府的商人。这些人的职责并非为官府经营商业，而是负责了解市场行情和购买货物。他们的主要任务是为官府提供市场信息，帮助官府制订合理的采购计划，并确保所需物资的及时供应。因此，这些官贾的角色更类似于现代的采购员或市场分析师，而非真正的商人。

《国语·齐语》中记载了管仲对桓公的建议："处工，就官府；处商，就市井。"这句话进一步说明了当时官府手工业与民间商业的区别。管仲认为，工匠应该集中在官府内工作，以便更好地管理和监督生产；而商人则应该在市场（市井）上活动，以便更了解消费者和市场动态。这种分工明确的安排有助于提高生产效率和经济效益。

春秋时期的官府手工业还具有一定的社会功能。例如，通过集中管理工匠，可以有效地控制技术传播和产品质量，从而维护国家的技术优势和经济利益。同时，官府手工业也为一部分人提供了就业机会，缓解了社会上的失业问题。

学者或认为这是"工商食官"制度在齐国的反映。但据杜勇之研究，恐怕也不符历史实际。因为当时的城市布局，一般是"面朝后市"（《考工记·匠人》）。所谓"工贾近市"（《管子·大匡》），指工贾靠近市场居住，也就等于靠近官府居住。这就是"处工，就官府；处商，就市井"的真实含义。春秋时有私商贾，不存在所谓官府经营的商业，所以商贾皆属官府，私人逐利称货殖的讲法是不准确的。

何况，若以"货殖"称私人逐利，则《货殖列传》中便不应列入范蠡、管仲与太公；因为范蠡先富国后富家，管仲、太公甚至只富国而没有富家。太史公不但把管仲、太公写入《货殖列传》，而且尊为货殖之祖，这进一步说明"货殖"并非仅指私人逐利。

从历史背景来看，春秋时期的社会结构复杂多样，既有贵族阶层也有平民百姓。在这个时期，商业活动逐渐兴起并成为社会经济的重要组成部分。然而，由于当时的政治环境和经济条件限制，政府对商业活动的控制较为严格，因此很难出现大规模的私营商业。相反，更多的商业活动是由官府直接参与或监管的。

从文献记载来看，《考工记》和《管子》等古籍都提到了"面朝后市"和"工贾近市"的现象。这些描述表明当时的城市布局是以市场为中心展开的，商人和工匠通常居住在离市场较近的地方以便开展业务。同时，这些地方往往也靠近官府驻地，方便接受管理和监督。这种布局方式反映了当时社会对于商业活动的重视程度以及政府对其的控制力度。

为何不说商贾而说货殖

从人物事迹来看，范蠡、管仲和太公等人都是历史上著名的政治家和经济改革者。他们在推动国家经济发展方面作出了巨大贡献，但并没有因此而获得个人财富。相反，他们更注重的是国家利益和社会福祉的提升。例如，范蠡通过实施一系列改革措施，使越国迅速崛起并成为强国；管仲则帮助齐桓公建立了霸业并促进了齐国经济的发展；而太公望则是周武王的重要谋士之一，为周朝的建立和发展立下了汗马功劳。这些人之所以被尊称为货殖之祖，并不是因为他们追求个人利益，而是因为他们为国家和人民创造了巨大的财富。

晏炎吾则另有一番解释："是商贾之事，乃不曰商贾而曰货殖，此究何说？考子长之述货殖，虽多见商贾之事，然究非止于商贾者。齐太公、管仲、范蠡等，皆非商贾之所能该。观子长之持论，盖齐生产流通而并观之，统农工商虞于一贯，而以生民生资所出为其本源。其所以多见废著商贾之事，盖由流通以统生产生活，其流易见。以此为基础，兼及土俗民情，斯则货殖之涵义，殆颇与今言'经济'主义相当。故于商贾之外，别有货殖之称，当时成语，或如此耳。"

这意思是说，这是关于商业活动的事情，但不说"商贾"而说"货殖"，这究竟是怎么回事呢？考察司马迁在《史记》中对货殖的论述，虽然其中多见商贾之事，但其实并不止于商贾。像齐太公、管仲、范蠡等人，都不是简单的商贾所能概括的。看司马迁的观点，他是将生产与流通结合起来看待的，把农业、工业、商业和林业统一起来，认为民生物资的生产是根本。他之所以多写商贾的事情，是因为通过流通来统筹生产和生活，这样更容易看出其中的联系。以此为基础，还涉及地方习俗和民情，这就是"货殖"的含义，大致相当于现在所说的"经济"。所以在商贾之外，另有"货殖"这个称呼，当时的成语或许就是这样来的。

然而，这种说法也未必全面。"货殖"这一概念，在古代文献中有着丰富的内涵和广泛的外延。它不仅仅局限于商业活动或商人阶层，而是涵盖了更广泛的经济现象和社会层面的内容。正如太公望、管仲、范蠡等人，虽然他们都有经商的经历，但并不完全符合传统意义上"商贾"的身份。这些历史人物之所以被提及，是因为他们在经济活动中展现了非凡的智慧与才能，对国家治理、社会稳定乃至文化发展都产生了重要影响。因此，将"货殖"仅仅理解为商业行为是不够全面的。

进一步说，如果直接用现代意义上的"经济"来解读"货殖"，则存在一定局限性。首先，《货殖列传》不仅讨论了物质财富的创造与积累过程，还涉及理想政治形态下的社会结构安排、风俗习惯的形成与发展，以及个人品德修养等方面的内容。这表明作者司马迁试图通过分析不同人群的生活方式及其背后的原因，探索一种更加和谐美好的社会秩序模式。其次，在该篇章里，除了记录一些著名的经济人物之外，还描述了朝廷官员、隐士高人、普通百姓乃至女性角色等多种社会身份的人物形象。这样做的目的是展示一个多元化的世界，并强调每个人无论其社会地位如何，都有可能成为推动社会发展进步的力量之一。最后，从文体角度来看，《货殖列传》属于传记体裁的作品，主要关注个体生命的成长经历和个人成就；而若改为专门论述经济问题的书籍，则应采用报告或者论文的形式更为恰当。

因此，《货殖列传》不能称为《商贾列传》，因为太史公并非专为商人立传，若称《商贾列传》，则农、工、虞、畜及其他各类人等便写不进去。太史公写《货殖列传》是要写尽天下人，但"士"不在列。"货殖"是生产、积聚货财，发于情性而"归于富厚"；换言之，"货殖"即是追求财富。《货殖列传》即是为追求财富的人立传；天下人人追求财富，故乃为天下人人立传也。但天下人中有一种人不在其内，此即士君子。何以故？因为"士志于道""君子谋道不谋食""忧道不忧贫"；志趣不同，道路各异。士既不追求财富，自然不便写入传中；如或有之，只有两种情况：其一，非真士，如"设为名高"的隐居岩穴之士，并非真隐，乃"阴为厚利，而显为名高"（《韩非子·说难》）。其二，货殖之士有品，与其他货殖之人不同。士而明货殖之理从事货殖，其上者如太公、管仲，但只富国而不富家；又如范蠡，先富国而后富家，再散千金，乃"富好行其德者"；再如子贡，使孔子名声布扬于天下，后为夫子庐墓六年（非"商人重利轻别离"），此所谓"得势而益彰者"。《货殖列传》记货殖之士仅数人，但皆有品；其致富道术、致富目的与财富使用均与众人异。太公、管仲甚至被尊为货殖之祖。其中自有深意。

《货殖列传》中只有商业吗

在中国古代社会结构中，士、农、工、商各有其特定的社会地位和角色。士作为知识分子阶层，承担着传承文化、教化民众的责任；农则是生产的主体；工指手工业者及工匠；商则是指从事商品交换活动的商人。在这四个阶层中，士的地位最高，被视为国家栋梁和社会精英；而商人虽然在经济活动中扮演重要角色，但在传统儒家思想的影响下，往往受到轻视甚至鄙视。因此，司马迁在撰写《史记》时特意将商人与其他三类人群区分开来，单独设立了一篇专门记录那些通过正当手段积累财富并对社会作出贡献的人物事迹——《货殖列传》。

值得注意的是，《货殖列传》不仅仅局限于描述商业活动本身，它还涵盖了农业、手工业等多个领域的成功案例。这表明司马迁认为无论从事何种职业，只要能够凭借其智慧与努力创造出价值并为社会带来正面影响，就值得被记载下来以供后人学习借鉴。同时，文章还特别强调了品德修养对于个人成就的重要性，指出即使是在追求物质利益的过程中也不能忽视道德准则和个人操守。

此外，《货殖列传》中提到了一些历史上著名的政治家，如姜子牙、管仲等人，他们不仅在治国理政方面有着卓越表现，同时也擅长利用经济手段促进国家发展。例如，姜子牙曾帮助周武王建立周朝并实施了一系列有利于经济发展的政策；管仲更是被誉为春秋时期齐国强盛的关键人物之一，他推行的一系列改革措施极大地增强了齐国的实力。这些人的成功经验表明，良好的政治环境加上有效的经济管理策略可以为国家带来繁荣昌盛的局面。

《货殖列传》的主题是"治"

《史记》作为一部论治之书，其百三十篇无不在探讨治理之道。《货殖列传》亦是如此，它以独特的视角和深刻的洞察力，为我们揭示了古代社会的经济现象与治理智慧。《太史公自序》中也明确指出了这一点："夫《春秋》，上明三王之道，下辨人事之纪，别嫌疑，明是非，定犹豫，善善恶恶，贤贤贱不肖，存亡国，继绝世，补敝起废，王道之大者也。"这段话不仅概括了《春秋》的主旨，也反映了司马迁对历史记录与治国理念之间紧密联系的认识。

开篇引用老子"至治之极"一语，直接点出了"治"的主题；而紧接着提到的"民各甘其食"，则强调了民众作为治理对象的重要性。人皆有欲望，这是不争的事实。如何处理好人的欲望，使之成为推动社会发展的动力而非破坏力量，是历代统治者面临的重要课题之一。老子主张通过"常使民无知无欲"的方式来达到理想状态，即让百姓保持简单朴素的生活态度，减少对物质财富的追求，从而自然形成和谐稳定的社会秩序。然而，在司马迁看来，这种理想状态虽然美好但难以实现。随着社会的发展变化，特别是从虞夏时期开始，人们对美好生活的向往逐渐增强，并形成了一种普遍接受的生活方式和社会风气。因此，他认为应当正视人性中的这一面，寻找更加切实可行的方法来进行有效管理。

接下来，"俗之渐民久矣"一句进一步阐述了社会习俗对个人行为的影响作用。某种习惯或观念长时间地影响着一个群体，就会逐渐成为该群体成员共同遵守的行为准则。在这种情况下，如果政府能够顺应民意、引导潮流，则可以更好地促进社会稳定与发展；反之，则可能导致矛盾激化甚至引发动乱。基于此认识，司马迁提出了自己的观点——只有通过适当的制度安排来规范人们的行为，才能既满足其合理需求，又防止过度放纵带来的负面影响。具体来说，就是提倡用礼义来约束人们的行为，培养良好的道德品质，进而实现国家长治久安的目标。

值得注意的是，这里所提到的"礼义"，并非司马迁个人独创的概念，而是源自儒家学说的核心价值体系。《论语·为政》中有云："道之以德，齐之以礼。"孔子认为，依靠道德教化可以引导人民走向正途，同时还需要辅之以礼仪制度加以保障。由此可见，司马迁实际上是在继承和发展前人思想的基础上提出了自己的治国主张。他希望通过弘扬传统文化精髓，结合实际情况制定出一套科学合理的政策法规，以达到改善民生、维护社会稳定的目的。

总而言之，《货殖列传》并非单纯为商贾立传，而是要为天下所有追求财富的人立传；除士君子外，天下所有人都追求财富，是故《货殖列传》即等于为天下人人立传也。追求财富根源于人之有"欲"，而人"欲"不限于财富，求富不过是人"欲"之显著者。

司马迁是在轻视仁义、崇尚势力吗

人既有欲，则士君子求道修身，必须识己之有欲而有以治之；为国者治国理民，必须知民之有欲而有以处之。《货殖列传》从"欲"讲起，即表示司马迁要认真讨论此一古今中外欲修己治人者（涵盖政治、经济、社会、宗教、伦理、艺术等各领域）所必须面对的最根本的问题，他在寻源探本。他于《货殖列传》中写货殖之人、地、事、物、理、俗，固然是写历史，但目的是要探治本论治道，发正本清源之论，垂教后世，以待圣人君子之观览。其深心闳识，远瞩千古，实出一般人之想象。

然而，学者或不明此意，爱其文辞之美，惑其说富道贫，遂失其本旨，纷纷呶呶，错生议论，良可叹也。孟坚父子，未知微旨，遂讥太史公"轻仁义""崇势力而羞贫贱"；胡适等人，不明底蕴，乃颂司马迁替商人或资本家辩护矣！太史公地下有知，起而览读其文，恐又不免"废书而叹"也。

《货殖列传》的核心思想在于探讨人类追求财富的根源及其对社会的影响。司马迁通过详细描述各种商业活动和商人的生活，揭示了财富对于个人和社会的重要性。他认为，追求财富是人类天性的一部分，无论是士君子还是普通百姓，都无法避免这种欲望。因此，《货殖列传》实际上是在为所有人立传，而不仅仅是为商贾。

然而，许多学者并没有真正理解《货殖列传》的主旨。他们被文中华丽的辞藻所吸引，却忽视了其中所蕴含的深刻哲理。有些人甚至误解了司马迁的观点，认为他是在轻视仁义、崇尚势力而鄙视贫贱。这种误解导致了许多错误的解读和争论。

实际上，《货殖列传》是一部充满智慧的作品。它不仅记录了古代的商业活动和商人的生活，更重要的是，它探讨了人类追求财富的根本原因及其对社会的影响。这部作品提醒我们，无论是个人还是社会，都需要正确认识和处理欲望与道德之间的关系。只有这样，我们才能实现真正的和谐与发展。

《货殖列传》中的商业策略

"天下熙熙，皆为利来；天下攘攘，皆为利往"，一句话可谓道尽了商业的本质。这句话见于司马迁的《史记·货殖列传》中，体现了司马迁对经济和物质价值观的独到见解和深刻认识。商业作为一种经济活动，其本质就是交换，而交换的目的就是获取利益。无论是生产者还是消费者，都在通过交换来追求自身的利益。在《货殖列传》中，司马迁详细记录了众多精通商业、通过贸易活动积累财富的人物，展现他们在商业实践中的智慧、机敏和果敢的决断力。

《货殖列传》中表达了一种观点，即商业活动并非无序竞争的混乱局面，而是存在着一套内在的规律和原则。司马迁认为，那些能够洞察这些规律、准确把握商机的商人，往往能够在激烈的市场竞争中脱颖而出，取得事业上的成功。通过生动的叙述，司马迁展示了商业活动是如何在一个没有中央指导的环境下自发形成秩序的。在司马迁看来，商业并非政府精心策划和安排的结果，而是一个由无数个体基于自身优势和需求，自由竞争、自由交换的复杂系统。

《货殖列传》中强调，每个人都有追求个人利益的动机，这种动机驱使他们发挥自己的特长，通过各种手段获取自己所需的物品或服务。这种自下而上的商业模式，不仅促进了商品和服务的多样化，也推动了社会分工和经济的繁荣。他的这一观点，实际上是对市场经济中自发秩序和规律性的一种肯定，表明即使在古代，人们也已经认识到市场机制在资源配置中的重要作用。

司马迁的这种客观认识，不仅体现在他对商业活动的描述上，还反映在他如何描绘商人的形象上。他笔下的商人不是简单的财富追逐者，而是具有智慧、勇气和远见的社会成员。他们的活动不仅限于买卖交易，还包括对市场的预测、风险的评估以及对商机的把握。这些商人的形象，为中国传统商业文化与商业伦理的形成和发展提供了丰富的素材及启示。

很多人认为，在中国古代，商人的地位是低贱的，他们唯利是图，只要有钱，什么都做。然而，司马迁却对这种观点持反对意见。他认为人的欲望是根植于天性之中的，追求财富是人的本性。他承认和肯定了这种欲望，并为商人的"追钱逐利"辩护，并赞赏商人的智慧。比如，《货殖列传》详细地记载了一系列在商业领域中取得显著成就的商人的生活和事迹，其中，范蠡无疑是一个特别值得深入研究和探讨的人物。

范蠡是春秋时期著名的政治家、军事家和经济学家，他在越王勾践的统治时期发挥了重要作用。通过实施一系列精明的经济政策，范蠡帮助越国在短短十年之内实现了从贫穷到富强的巨大转变。越国不仅经济繁荣，还拥有了强大的军事力量，最终成功地灭掉了邻国吴国，使越国崛起并成为春秋时期的"五霸"之一。

范蠡在经济管理方面的才能尤为突出，他提出的一系列经济观点和理论，如"强兵必先富国""旱时备船，涝时备车"，体现了他对经济规律的深刻理解和把握。这些观点不仅在当时具有重要的现实意义，而且对后世的经济思想产生了深远的影响。

除了范蠡之外，《货殖列传》还记述了其他一些著名商人的事迹，如白圭、猗顿和郭纵等人。他们在商业活动中展现出的敏锐洞察力、卓越的经营策略和丰富的实践经验，使他们在商界取得了巨大的成功。他们的智慧和经验被《货殖列传》所记录，成为中国传统商业文化的重要组成部分。

司马迁通过对这些巨商们的财富创造历史的深入研究，发现他们之间存在一个共同的特点，那就是"与时俯仰，获其赢利"。这里的"时"，指的是时间，更准确地说，是时机、时势。这意味着，成功的商人都擅长根据不同的时代背景、社会坏境和市场状况，来决策何时应该积极进取，何时应该适时收缩，何时应该采取激进的策略，何时又应该保守行事，从而能够在各种情况下，获取最大的经济利益。

在司马迁的眼中，这种"时势"或者说时机的选择，其实是一种周期性的把握。他进一步提出了一个被后人称为"司马迁周期"的概念。这个概念是基于当时农业社会的实践经验，认为经济活动存在一个大约十二年的周期。在这个周期中，每六年会出现一次丰收，接着是六年的干旱，然后是十二年一次的大饥荒。这个周期性的经济波动，实际上是由天体的周期性运行所引起的气候变动所导致的。

当然，这段内容描述的是一个古老而朴素的周期理论。在这个理论中，我们可以看到一个非常核心的观点，那就是司马迁已经对"商业所处的外在环境是周期性动荡的"这一现象有了初步的认识。这种认识在今天看来都是非常先进的，因为它揭示了商业环境中的一种基本规律。

那么问题也随之而来，在这样的环境中，经营者应该如何应对呢？这是一个非常重要的问题，因为它关系到商业活动的成功与否。

《货殖列传》中提到了一种非常独特的策略，那就是"旱则资舟，水则资车"。这个策略的意思是，当出现大旱的时候，你应该投资船；而当遇到洪涝灾害的时候，你应该投资车。

这个策略在今天看来是非常有智慧的，因为它揭示了一个非常重要的商业原则，那就是周期是动态的，是周而复始的。也就是说，今天的旱灾，明天可能会变成水灾，需要船；今天的洪水，未来某一天可能会变成旱灾，车又能跑了。因此，当发生大旱的时候，船的需求会下降，价格自然会下降，这时候正是投资船的好机会。同样地，当发大水的时候，车的需求也会下降，价格也会下降，这时候正是投资车的好机会。

在当今的投资领域，我们经常讨论的概念如长线逆周期投资和价值投资，其实质与古代的智慧不谋而合。这些投资策略的核心理念都在于提前布局，即在市场还未完全意识到某个资产的潜在价值时，投资者便开始着手进行投资。这种策略强调的是利用市场的周期性波动，通过深入分析和洞察，超越短期的市场波动，展望长远的投资回报。

在现代投资界，沃伦·巴菲特是一位享誉全球的投资大师，他有一句名言："别人恐惧的时候我贪婪，别人贪婪的时候我恐惧。"这句话简洁地概括了逆周期投资的精髓。然而，这种思想并不是近代才有的产物。实际上，早在两千多年前的《货殖列传》中，就已经出现了类似的智慧。古文中提到的"人弃我取，人取我与"的策略，就是一种典型的逆周期操作。它告诉我们，当市场上的其他人因为恐慌而抛售某样商品时，正是我们购入的好时机；相反，当市场上的其他人因为贪婪而抢购某样商品时，我们应该考虑卖出。

这种策略的本质是利用商品的价格周期，即在价格低谷时买入，在价格高峰时卖出，从而获得最大的利润空间。这种方法不仅适用于古代的货物交易，也同样适用于现代的股票市场、债券市场以及其他各种金融资产的交易。通过这种方式，投资者可以在市场的波动中寻找到价值被低估的投资机会，实现长期的资本增值。

除此之外，《货殖列传》进一步揭示了这些商人不仅仅满足于物质财富的积累，他们更有着超越纯粹商业利益的人生理想和社会责任感。这些商人的行为和思想，充分体现了中国传统商人的商业伦理观念，即在追求个人经济利益的同时，也不忘承担社会责任，为社会的和谐与进步作出贡献。

这些成功的商人不仅是商业领域的佼佼者，也是中国传统文化的传承者。他们的故事和经验经过世代相传，对后世的商业活动和文化发展产生了深远的影响。在中国乃至世界的商业史上，他们的事迹被视为经典案例，被无数商人学习和效仿。

独辟蹊径，择地生财

在商业领域，"独辟蹊径，择地生财"这一理念强调了创新和地理位置对商业成功的重要性。这一理念认为，一个高明的商人应该具有敏锐的洞察力和独特的战略眼光，能够发现并利用那些被他人忽视的商业机会和地点。选择有利的经营地点是实现财富增长的关键因素之一。

地理位置的优势（通常称为"地利"）在商业活动中扮演着至关重要的角色。它不仅涉及交通便利性，使得商品和服务可以更高效地流通，还包括丰富的资源供应以及密集的客户群体。人口聚集区往往意味着更高的消费能力和市场需求，这对于商家来说是一个不可忽视的机会。因此，精明的商人会将寻找和占领这些有利地段作为他们的首要任务。

范蠡是中国历史上著名的政治家、军事家和经济学家，他的故事为我们提供了一个关于如何利用地利发财的研究案例。据史料记载，范蠡在辅佐越王勾践灭吴复国之后，选择隐居江湖，从事商业活动。他在经商过程中展现了卓越的才能，特别是在选择经营地点方面有着独到的见解。通过精心挑选那些具有发展潜力的地区进行投资，范蠡不仅积累了巨额财富，还成为后世商人学习的典范。

范蠡巧用地利

从现代商业的角度来看，"地段就是财富，地段决定价值"的观念依然适用。无论是开设实体店铺还是在线业务，选择合适的位置都是成功的关键之一。例如，在零售业中，位于繁华街区或购物中心内的店铺更容易吸引顾客；而在电子商务时代，拥有良好搜索引擎排名的网站则更能获得潜在买家的关注。

"独辟蹊径，择地生财"不仅是古代智者留给我们的宝贵财富，也是现代企业家应当遵循的重要原则。通过不断创新思维模式，并结合自身实际情况灵活运用这一策略，企业才能够在竞争激烈的市场环境中脱颖而出，实现可持续发展的目标。在这个过程中，深刻理解和有效利用地理位置所带来的各种优势将是任何成功企业不可或缺的能力之一。

在春秋战国时期，范蠡与文种等人共同辅佐越王勾践，经历了"卧薪尝胆"的艰辛历程，最终成功复仇，一雪会稽战败之耻，使越国成为当时的强国。在这个过程中，范蠡以其卓越的智慧和勇气，为越国的崛起作出了巨大贡献。然而，他并未因此而骄傲自满，反而深知权力斗争的残酷，决定全身而退。

范蠡先是来到了齐国，改名鸱夷子皮，开始了新的生活。他在海边耕种，努力劳作，与家人一起辛勤耕耘，逐渐积累了一定的财富。齐国人对他的才能非常欣赏，甚至想让他担任相国。然而，范蠡对于官场生活已经厌倦，他深知树大招风的道理，知道在齐国久留并非明智之举。因此，他毅然决然地放弃了高官厚禄，带着家人悄悄地迁居到了宋国的陶邑（今山东菏泽定陶区）。

范蠡认为陶地处天下之中心，交通四通八达，客商云集，是经商的理想之地。于是，他自谓陶朱公，重新开始了商业生涯。他与家人约定好要耕种畜牧，买进卖出都要等待有利时机，以获得十分之一的利润。经过一段时间的努力，他的家产又积累到了数万。

范蠡的成功并非偶然，他的商业智慧和经营理念在当时是非常先进的。首先，他强调诚信为本，认为商人应该讲求信用，这样才能赢得客户的信任和支持。其次，他注重市场调查和分析，善于把握市场动态和商机。此外，他还提倡节俭持家，反对奢侈浪费，认为这是保持家庭和睦与社会安定的重要因素。

正是由于这些原因，范蠡在商业领域取得了巨大成功，成为中国的文财神。他的事迹被后人传颂不衰，他也成为商人们学习的楷模。同时，范蠡的故事也告诉我们，一个人要想在事业上取得成功，除了要具备一定的才能和勇气，还需要有正确的价值观和人生观。只有这样，才能在竞争激烈的社会中立于不败之地。

卓氏家族崛起

《货殖列传》中也讲述了卓氏家族崛起的历程，我们不难发现其背后蕴含着深刻的历史变迁与个人决策智慧。临邛富商卓氏，作为后世卓王孙之祖，其家族的发迹史不仅是一段商业成功的传奇，更是对时代背景、地域选择及经营策略深刻理解的典范。

卓氏家族的故事始于战国末期，秦国以其强大的军事力量击败赵国，随后实施了一系列的人口迁徙政策，以削弱战败国的实力并充实自身领土。卓氏一族，原籍赵国邯郸，便是在这一历史洪流中被裹挟而迁至他乡。然而，与其他被迫迁移的家族不同，卓氏展现出了非凡的远见与胆识。

当大多数赵国被俘者纷纷通过贿赂以求迁往经济条件较好、地理位置较近的葭萌地区时，卓氏却作出了截然不同的选择。他们洞察到葭萌虽近但地狭贫瘠，长远来看，不利于家族发展。相反，卓氏将目光投向了汶山下那片未被充分发掘的肥沃之地——临邛。据传，该地不仅土壤肥沃，适宜农作物生长，且有大芋之饶，形如蹲鸱，寓意吉祥，即便遭遇灾荒亦能自给自足。更为关键的是，当地百姓交易频繁，商品流通便利，为商业活动提供了肥沃的土壤。

抵达临邛后，卓氏充分利用了家族世代相传的冶铸技艺，结合当地丰富的铁矿资源，迅速建立起了自己的冶金产业。同时，低廉的劳动力成本与先进的技术相结合，使得卓氏的产品在市场上极具竞争力。农业的繁荣又为冶铸业提供了稳定的原材料供应和广阔的市场空间。卓氏凭借敏锐的市场洞察力与高效的经营管理，逐步累积起巨额财富，最终在西南地区崭露头角，成为首屈一指的大富豪。

至景帝、武帝时期，卓氏家族的财富与影响力达到了顶峰，卓王孙作为家族的代表人物，其地位显赫一时。卓王孙不仅是商业巨擘，更是当时的文化推动者之一。其女卓文君与司马相如的爱情故事，成为千古佳话，反映了当时社会对于才子佳人美好情感的向往，以及卓氏家族在文化领域的深远影响。尽管宴请司马相如的初衷并非为了联姻，但这段意外促成的姻缘无疑为临邛的历史增添了一抹浪漫色彩，同时也映射出卓氏家族开放包容的心态与对才华的尊重。

卓氏家族的崛起之路是一次精准把握历史机遇、勇于创新的生动例证。它不仅展示了一个家族如何从战乱中恢复并壮大的过程，更揭示了在复杂多变的社会环境中，个人远见、行业专精与适时转型的重要性。这一历史片段，至今仍给予后人深刻的启示与思考。

"地利"的重要性

在商业领域，成功的商人往往能够精准捕捉市场机遇，而其中一个重要的成功因素便是"地利"。从古代到现代，无数商人凭借对地理位置的敏锐洞察和有效利用，实现了事业的蓬勃发展。

回顾历史，我们可以发现地利在商业成功中扮演的关键角色。以卓氏和程郑为例，他们分别在临邛地区经营冶铸业，并将铁制品销往西南地区的少数民族。他们的成功并非偶然，而是得益于紧邻资源产地的优势。这一战略眼光使他们在手工业和商业的结合上取得了显著成就。同时，范蠡的成功也凸显了交通优势带来的人流、物流和信息流的重要性。这些历史人物的共同点在于，他们都深刻理解并充分利用了"地利"这一大优势。

在现代商业环境中，"地利"的重要性依然不减。商家在选择经营地点时，会综合考虑多个因素，以确保所选地点能够为业务带来最大的利益。仓库的选址需要选择交通便利的地区，以便货物的快速流通；商场超市的布点则需选择居民密集、人气旺盛的区域，以吸引消费者并促进销售；而商业地产的投资更是需要紧跟城市规划的定位和未来发展方向，以确保投资的长期回报。这些策略都是商家在遵循商业发展规律的基础上，独辟蹊径、择地生财原则的具体应用。

进一步来说，地利之所以成为商业成功的重要因素，是因为它直接关系到资源的获取、成本的控制以及市场的接近性。优越的地理位置可以降低运输成本、提高物流效率，从而为企业节省大量开支。同时，靠近目标市场的地理位置有助于企业更好地了解消费者需求，及时调整产品和服务，增强市场竞争力。此外，良好的地理位置还能提升企业的品牌形象和知名度，吸引更多的客户和合作伙伴。

地利并非一成不变。随着社会的进步和科技的发展，一些传统的地理优势可能会逐渐减弱，而新的地理优势则可能不断涌现。因此，商家需要保持敏锐的洞察力，不断关注和研究地理环境的变化趋势，以便及时调整自己的经营战略。这要求商家不仅要有深厚的行业经验，还需要具备前瞻性的思维和创新能力。

在当今竞争激烈的市场环境下，商家更应该重视地利的选择和利用，通过精准的市场定位和战略规划，实现企业的持续健康发展。同时，我们也应该认识到，地利虽然重要，但并非决定成败的唯一因素。商家还需要在产品、服务、管理等多个方面下功夫，全面提升自身的综合实力，才能在激烈的市场竞争中立于不败之地。

人弃我取，人取我与

"人弃我取，人取我与"这一策略不仅体现了《货殖列传》中记载的成功商人白圭的独到见解，也反映了一种深刻且普遍的市场操作哲学。这句话的核心思想在于，当大多数人因恐慌或缺乏远见而低价抛售资产时，精明的商人却能洞察先机，大量购入；反之，当众人盲目追高时，他们又能够适时退出，通过这种逆市场行为赚取利润。此原则与越国大夫计然提出的治国理念——"旱则资舟，水则资车"——形成了跨时代的共鸣，展现了无论是国家治理还是个人经商，都需深谙事物发展周期与规律的重要性。

"逆市而行"的智慧

在商业领域，尤其是投资的世界里，"人弃我取，人取我与"并非简单的反向操作，而是基于对市场深层次理解后的战略性选择。它要求投资者具备超越大众情绪的能力，能够在市场的喧嚣中保持冷静，识别出那些被低估的价值或是即将达到价值顶峰的资产。这种能力的背后，是对经济周期、行业趋势以及消费者行为的深刻洞察。正如巴菲特所言："在别人贪婪的时候恐惧，在别人恐惧的时候贪婪。"真正的智者总能在市场的极端情绪中找到投资的机会。

经济活动在一定时间内会经历扩张、高峰、衰退、低谷四个阶段的周期性波动。在经济扩张期，市场情绪普遍乐观，资产价格水涨船高，这时候采取"人取我与"的策略，跟风买入，往往会推高购买成本，增加投资风险。相反，在经济衰退期，市场情绪转为悲观，许多资产被抛售，价格下跌，这时采取"人弃我取"的策略，逆市买入，可能会在市场回暖时获得丰厚回报。因此，理解并把握经济周期，是实施这一策略的前提。

每个行业的发展都有其自身的规律和周期，有的行业可能正处于快速增长期，而有的行业则可能面临淘汰的风险。通过对行业的深入分析，可以发现哪些行业即将进入衰退期，哪些行业将迎来新的增长点。例如，随着科技的进步，传统制造业可能会逐渐衰退，而新能源、人工智能等新兴行业则展现出巨大的发展潜力。在这样的背景下，从衰退行业中撤资，转投新兴行业，就是一种"人弃我取，人取我与"策略的体现。

消费者的购买行为受到多种因素的影响，包括个人收入、消费习惯、社会趋势等。通过研究消费者行为的变化，我们可以预测市场需求的变动，从而指导投资决策。例如，随着健康意识的提高，消费者越来越倾向于购买有机食品和健康产品，相关行业的公司可能会受益。反之，如果某个行业的产品和服务不再受消费者欢迎，那么这个行业的投资价值就会下降。

当然，需要注意的是，在实施"人弃我取，人取我与"的策略时，还需要考虑到市场心理和群体行为的影响。市场不是完全理性的，投资者的情绪和行为往往会影响资产的价格。当市场出现集体恐慌时，即使基本面良好的资产也可能被非理性地抛售，这时候逆向投资，即"人弃我取"，可能会捕捉到被忽视的投资机会。相反，当市场过度乐观时，资产价格可能被高估，此时采取"人取我与"的策略，可能会避免高位接盘的风险。

"人弃我取，人取我与"是一种基于深度市场理解的逆向投资策略。它要求投资者不仅要有敏锐的市场洞察力，还要有坚定的投资信念和独立思考的能力。在实践中，这种策略并不是简单地与市场对立，而是在深入分析经济周期、行业趋势和消费者行为的基础上，作出理性的投资决策。只有这样，才能在复杂多变的市场环境中稳健前行，实现财富的保值增值。

前瞻性与预见性

在商界，成功的商人总能在波涛汹涌的市场中稳如泰山。他们之所以能够屹立不倒，一个关键的秘诀就是拥有前瞻性的经营策略。这种策略不仅要求他们密切关注当下的市场动态，更需具备预见未来变化的能力，从而在关键时刻作出明智的决策。

商品市场的季节性波动是商人必须掌握的基本规律之一。以农产品为例，由于其生产具有周期性和季节性特点，供需关系会随着季节的转换而发生规律性变化。例如，冬季时，某些蔬菜、水果供不应求，价格自然上涨；到了丰收的季节，供应量增加，价格则会出现回落。了解并预测这些季节性波动，可以帮助商人在合适的时间点扩大库存或减少采购，从而抓住价格上涨的机会或避免价格下跌带来的损失。

除了商品的季节性波动，政策导向和科技进步同样是影响市场的重要因素。近年来，政府通过实施积极的财政政策和适度宽松的货币政策来稳定经济增长，扩大国内需求，推动科技与产业创新。这些政策直接影响着货币供应和信贷成本，进而对股市、债市和期货市场产生深远的影响。商人需要敏锐地捕捉政策导向的变化，及时调整自己的经营策略。

科技进步也是推动市场变革的重要力量。全球企业普遍认识到科技转型将推动贸易发展，很多企业已经利用人工智能等技术优化供应链。新的科技产品和服务迅速占领市场，传统的消费模式不断被颠覆。投资者纷纷将目光投向具有科技创新能力的企业，推动了科技股的繁荣。商人需要紧跟科技发展的步伐，不断创新和提升自己的产品和服务，以满足市场的需求。

一个成功的商人必须具备前瞻性和预见性。他们需要通过对历史数据的分析，了解商品价格的季节性波动规律，同时密切关注政策导向和科技进步等外部因素，预判它们对市场的潜在影响。这样的预见力使商人能够在合适的时机采取行动，不论是扩大库存以抓住价格上涨的机会，还是在价格达到高点时及时清仓，都能增加收入或减少损失。

前瞻性和预见性是成功商人必备的能力。只有具备这些能力，商人才能在复杂多变的市场竞争中立于不败之地。

时机把握的艺术

在商业世界中，把握买卖的最佳时机往往是成功与否的关键。这不仅需要有技术分析的功底，更涉及对市场心理的深刻理解与精准预判。商人必须具备敏锐的直觉和决策勇气，才能在复杂多变的市场环境中稳健前行。

市场心理学是研究市场参与者体验和行为的学科，它涵盖了供应商、需求方以及市场管理者的心理动态。通过观察和分析这些群体的行为模式，我们可以更好地预测市场趋势，从而作出更加明智的决策。例如，在销售过程中，了解消费者的心理预期和购买动机，可以帮助企业制订更有效的营销策略；而在广告投放时，准确把握目标受众的兴趣点则能够显著提升广告效果。

投资市场同样充满了变数。在这里，市场心理分析显得尤为重要。通过对投资者情绪、行为及决策过程的研究，我们可以尝试着去预测市场的波动方向。当市场出现恐慌性抛售或非理性繁荣时，那些保持头脑冷静的人往往能够在混乱中找到机会。此外，利用筹码分布来判断交易时机也是一种常见做法。比如，股价经过长时间横盘整理后突然放量突破某一关键点位，这通常意味着一轮新的上涨趋势即将开启，此时入场可以获得不错的收益。

值得注意的是，不同行业有着各自独特的商业模式，这些模式决定了企业如何创造价值并获取利润。以苹果公司为例，其成功的秘诀之一就在于不断创新的产品设计和强大的品牌影响力。苹果不仅仅卖硬件，更是打造了一个生态系统，让用户一旦进入就很难离开。这种高度黏性的用户基础为其带来了持续稳定的收入。

另一个值得一提的案例是星巴克。作为全球最大的咖啡连锁品牌之一，星巴克不仅提供优质的饮品，还创造了一个舒适的社交空间。人们来到星巴克不仅仅是为了喝咖啡，更重要的是享受那份轻松愉悦的氛围。正是这样一种独特的消费体验，使星巴克能够在众多竞争对手中脱颖而出。

无论是从市场心理学的角度出发，还是结合具体案例来看，把握住买卖的最佳时机对于任何希望取得成功的企业或个人来说都是至关重要的一环。它要求我们不仅要掌握丰富的专业知识，还要具备良好的心理素质以及快速的反应能力。只有这样，才能在充满挑战的商业领域里走得更远、飞得更高。

"人弃我取，人取我与"的商业哲学，强调的是逆向思维、深度分析以及精准的时机把握。它教导我们在复杂多变的市场环境中，如何保持独立思考，不被表面现象迷惑，而是深入挖掘事物的本质，寻找那些隐藏在大众情绪背后的机会。这不仅是一种商业策略，更是一种生活哲学，提醒我们在任何领域，拥有独立思考与前瞻性视野的人，往往能走在时代的前列。

古代商人对于农业生产变化动向和市场供需情况极为重视，他们凭借敏锐的洞察力与丰富的经验，在货物充盈且价格低廉时大量收购，而在商品稀缺、民众竞相求购之际果断抛售。谷物成熟之际，商人会大量购入粮食，同时将丝绸、油漆等非急需品出售；待到蚕茧结成之时，则转而购入绢帛棉絮等织物原料，再适时售出粮食。这种灵活应变的经营策略体现了他们对"时机"这一要素的高度敏感。

范蠡曾提出"与时逐而不责于人"，强调顺应时势的重要性，并认为善于经营生意的人应能够选择合适人选并利用好时机。而白圭更进一步地指出了观察时局变化的必要性，他认为商品价格的贵贱并非固定不变，而是随着供需关系的变化而波动。因此，在交易过程中，应当避免持有容易腐烂变质或难以长期保存的商品，并且不要过分追求高价。通过分析市场上各类商品供应量的多少，可以判断出其价值所在。某件物品的价格达到最高点之后往往会出现下跌趋势，反之亦然，即所谓的"极盛必衰"。基于此原理，白圭总结道：在物价低廉时买入，即使后续价格上涨也能保持成本优势；相反地，在高位卖出，虽然看似获利丰厚，但实际上已经失去了最佳收益机会。

由此可见，无论是范蠡还是白圭，都深刻认识到把握买卖时机的重要性。一旦发现有利可图的机会，就应当迅速行动起来，像猛兽捕猎般毫不迟疑地作出决定。这种果断性不仅要求具备敏锐的市场洞察力，还需要具有强大的执行力。总之，成功的商业活动离不开对外部环境变化的精准预判以及对自身资源的有效调配，两者相辅相成才能在激烈的市场竞争中脱颖而出。

白圭深刻地认识到，在商海中航行，所需的智慧、勇气、仁慈和坚韧，与历史上那些伟大的政治家、军事家及改革者无异。正如他所言："吾治生产，犹伊尹、吕尚之谋，孙吴用兵，商鞅行法是也。是故其智不足与权变，勇不足以决断，仁不能以取予，强不能有所守，虽欲学吾术，终不告之矣。"这句话精炼地概括了商业成功所需的核心素质：灵活应变的智慧、果断决策的勇气、恰当取舍的仁慈以及坚守原则的坚韧。缺乏这些品质的人，即便渴望学习他的商业之道，也难以领悟其精髓。

战国时期，商人们普遍热衷于利润丰厚的珠宝行业，而白圭却另辟蹊径，专注于农产品的经营。他洞察到，虽然农产品的单位利润可能不如珠宝显著，但其庞大的市场需求为稳健盈利提供了广阔空间。只要能够精准把握市场时机，即便是最普通的商品也能创造出惊人的财富。

"旱则资舟，水则资车"，这同样在白圭对市场变化的敏锐洞察和前瞻布局上得到体现。无论是储备雨季所需的船只，还是旱季必备的车辆，都是基于对未来市场供需变化的准确预判。执行这种策略要求商人具备超乎常人的预见性和耐心，因为在等待最佳时机的过程中，往往需要承受外界的不解甚至嘲笑。然而，正如白圭所强调的，"乐观时变"，"与时逐而不责于人"，真正的商业高手能够在变幻莫测的市场环境中保持乐观的心态，主动适应变化，而非被动应对或抱怨他人。

"贵出如粪土，贱取如珠玉"，这进一步揭示了白圭对于商品价值波动的深刻理解。当商品价格高企时，应视之如同无价值的粪土，及时出手；而当商品价格低廉时，则应将其视为珍贵的珠玉，果断购入。这种逆向思维不仅考验着商人的眼光，更考验着他们的心理素质和决断力。

白圭的商业哲学是一种集大智慧、大勇气、大仁慈和大坚韧于一体的综合体现。他通过精准的市场判断、灵活的策略运用以及坚韧不拔的精神，成功地在激烈的商业竞争中站稳脚跟，成为一代商业传奇人物。他的经商之道，不仅在当时具有深远的影响，而且至今仍被广大商人奉为经典，指引着他们在商海中乘风破浪，书写属于他们自己的辉煌篇章。

天下言治生祖

根据现存文献资料记载，白圭提出了著名的"轻重论"，即利用供需关系变化来调节市场价格波动的一种策略。他认为，当某种商品供应量大于需求量时，该商品价格就会下降；反之，则上涨。因此，商家应该密切关注市场动态，灵活调整库存量和销售价格，以获取最大利润空间。这一思想至今仍被广泛应用于现代企业管理当中。

除了精湛的商业技巧之外，白圭也非常注重自身道德修养和社会责任感。他认为，作为一名合格的商人，除了要追求经济利益，还必须遵守法律法规、尊重竞争对手权益、维护消费者利益。只有这样，才能赢得良好口碑并获得长远发展。

据史料记载，白圭曾收徒授业，将自己多年积累下来的宝贵经验和知识传授给年轻一代。这种做法不仅有助于延续和发展其商业理念，也为后来中国商业文化的发展奠定了坚实基础。

白圭之所以能够在众多历史人物中脱颖而出，并被称为"天下言治生祖"，主要是因为他在以下几个方面作出了突出贡献：

开创先河：作为较早系统性地研究商业运作模式及其背后逻辑的人之一，白圭为后世留下了宝贵的精神财富。

引领潮流：通过实践，白圭证明了依靠智慧和技术手段可以有效提高生产效率、降低成本费用、增强竞争力，从而推动整个社会向着更加繁荣富裕的方向前进。

树立榜样：无论是其卓越的商业才能，还是高尚的职业道德，都成为后人学习效仿的对象。尤其是在当今这个快速变化的时代背景下，我们更应该从中汲取养分，不断提升自我综合素质。

虽然距离白圭生活的那个年代已经过去了数千年之久，但其留给我们的启示却依旧具有重要的现实指导意义。它提醒着每一个致力于创造美好未来的人：只有不断学习新知识、勇于探索未知领域，并且始终保持一颗正直善良的心，才能真正实现个人价值与社会进步之间的和谐统一。

研判市场，抢占先机

在古代中国的历史长河中，具有远见卓识的人物不胜枚举。他们之中有很多人在动荡的时代背景下，凭借敏锐的洞察力和非凡的决策能力，创造了属于自己的财富奇迹。其中，《货殖列传》记载了一个特别引人深思的故事——宣曲任氏家族如何在乱世之中崛起。

任氏家族的崛起

故事发生在秦末汉初这一特殊时期。当时，天下大乱，群雄逐鹿中原，社会处于极度不稳定的状态。在这样的环境下，大多数人选择追求眼前的利益，如抢夺金银财宝等贵重物品。然而，宣曲任氏的祖先却有着与众不同的选择。他是督道仓库的一名官吏，在秦朝灭亡前夕，他没有像其他人那样去争夺那些看似更有价值的东西，而是将目光投向了粮食——一种平时不起眼但在特定情况下可能变得极其珍贵的资源。

随着刘邦与项羽之间的战争愈演愈烈，双方军队对峙于荥阳一带长达数年。这场持久战给当地居民带来了巨大灾难，农业生产遭到严重破坏，导致食物供应紧张到了极点。据史书记载，"米石至万"，即每石（石，容量单位，10斗等于1石）大米的价格竟然飙升到了一万钱！这对于普通百姓来说简直是天文数字。正是在这种极端条件下，任氏之前囤积下来的大量粮食成了无价之宝。通过高价出售这些粮食，任氏不仅收回了成本，还赚取了巨额利润，使得原本不起眼的小吏一夜之间变成了富有的大地主。

从这个故事中可以看出，任氏之所以能够成功并非偶然。首先，他对市场行情有着深刻的理解；其次，他具备超越常人的风险意识以及前瞻性的思维。当别人都在盲目跟风追逐短期利益时，他却能冷静分析形势变化，并作出正确判断。更重要的是，任氏懂得利用自身职务之便获取信息的优势，提前做好充分准备。可以说，正是由于具备了以上几点关键素质，才使他在激烈的竞争中脱颖而出，实现了财富积累的目标。

这个案例也反映了中国传统商业文化中的一个重要理念——"知进退、明得失"。在复杂多变的社会环境中，能否准确把握时机往往决定了个人乃至整个家族的命运走向。对于那些渴望成功的人而言，学习如何识别潜在机会并果断采取行动就显得尤为重要了。同时，它还提醒我们，在任何时代背景下，保持头脑清醒、坚持独立思考都是非常宝贵的品质。只有这样，才能在充满不确定性的世界中立于不败之地。

古代商人在长期的实践中积累了丰富的经营智慧，他们深谙市场供求关系的微妙变化，并能够据此制订出具有前瞻性、预见性和超前性的经营策略。这些商人不仅善于观察眼前的市场动态，还能够根据这些表象预测出未来供需情况的变化趋势，从而精准地决定何时买进或卖出商品，以及选择最佳的贮存和出手时机。

古代盈利的手段

在古代商业环境中，盈利主要通过两种手段实现，即投资和投机。投资作为一种稳定且可靠的收入来源，更多地依赖于个人的智慧、才能以及对市场的深刻理解。投资者通常会选择那些具有长期增长潜力的项目或商品进行投入，以期在未来获得稳定的回报。相比之下，投机虽然能够带来丰厚的利润，但同时也伴随着巨大的风险。投机者需要具备敏锐的市场洞察力、快速的反应能力和敢于冒险的精神，才能在瞬息万变的市场中抓住稍纵即逝的商机。

一个成功的商人必须兼具聪明、精明和英明的特质。聪明意味着他能够迅速理解市场的变化和趋势；精明则体现在他能够灵活应对各种复杂情况，作出最有利于自身的决策；而英明则是他在关键时刻能够保持冷静，不被短期利益所迷惑，始终坚持长远的发展规划。这三种品质共同构成了成功商人的核心能力，也是他们在激烈的市场竞争中脱颖而出的关键。

信息收集与分析的能力也是衡量一个商人是否具备成功潜质的重要标准之一。在古代，由于通信技术的限制，信息的获取和传播并不像今天这样便捷，但这并没有阻碍那些富有远见的商人利用有限的资源来获取尽可能多的信息。他们会通过各种渠道了解市场动态、竞争对手的情况以及消费者的需求变化，然后对这些信息进行深入分析和研究，以便更准确地把握市场脉搏，发现潜在的商业机会。

无论是投资还是投机，古代商人都展现出了非凡的经营智慧和敏锐的市场洞察力。他们通过不断学习、实践和总结经验教训，逐渐形成了一套行之有效的经营管理模式，为后来者提供了宝贵的借鉴。正是这种对市场规律的深刻理解和对商机的精准把握，使得古代商人能够在复杂多变的经济环境中不断发展壮大，成为推动社会进步与发展的重要力量。

贵出贱入，薄利多销

在商业领域，"贵出贱入，薄利多销"是一种古老且经典的策略，它深刻揭示了市场供需关系的微妙变化。这一理念表明，商品的价格并非固定不变，而是随着市场条件的变化而波动的。当某种商品在市场上稀缺时，其价格往往水涨船高；相反地，当供应量过剩时，价格则会大幅下降。因此，在面对不同的市场状况时，商家需要灵活调整自己的策略以适应变化。

从经济学角度来看，"贵上极则反贱，贱下极则反贵"这一规律反映了市场价格波动的基本特性。当一个商品因为供不应求而变得非常昂贵的时候，这往往会吸引更多的生产者进入该领域，从而增加该商品供给量；随着时间的推移以及更多竞争者的加入，最终会导致该商品供过于求的局面出现，进而促使价格回落。反之亦然，当商品价格跌到极低点时，由于利润空间缩小甚至亏损，部分企业可能会退出市场或减小生产规模，导致该商品供给减少，需求相对增加，推动价格上涨。这种周期性的价格变动模式对于理解市场经济运作机制至关重要。

"贵出如粪土，贱取如珠玉"则是对上述原则的具体应用。这句话强调了作为商人应该具备敏锐洞察力和快速反应能力的重要性。当发现某件商品正处于高价阶段时，应该像对待无用之物一样尽快将其出售，避免因价格下跌而造成损失；而在其处于低价时期，则应将之视为珍贵资源加以收藏或购入。通过这种方式，不仅可以有效规避风险，还能抓住机遇，实现盈利最大化。

"财币欲其行如流水"，这句话形象地描述了资金流动性对于企业发展的重要性。只有保持良好的现金流状态，才能确保日常运营顺畅进行，并为未来投资提供充足支持。因此，在日常经营活动中，除了关注单个项目的成本效益外，还需要注意整体财务健康状况，确保有足够的流动资金应对突发情况。

"贵出贱入，薄利多销"不仅仅是一种简单的营销策略，更是贯穿于整个商业运作过程中的核心理念之一。它要求企业家不仅要具备深厚的专业知识背景，还要拥有前瞻性思维能力和灵活应变技巧。几乎所有成功的商人都是将此作为自己职业生涯中的黄金法则来遵循的。他们深知，在这个充满竞争的世界里，唯有不断学习、勇于创新并且善于抓住每一个机会的人，才能够获得真正的成功。

物极必反，盛极而衰，极而复反

道家认为，物极必反，盛极而衰，极而复反，"福兮祸所伏，祸兮福所倚"，循环往复，正是万物之理。范蠡深谙此理，并将其运用于商业领域，形成了其独特的经济哲学。在他看来，天、地、人三者之间是不断变化的。商品的价格无论贵还是贱都有一个度。范蠡还认为，仅仅意识到以积蓄储备来应对客观规律带来的影响是不够的。

范蠡指出，当某一商品的价格上涨到极限时，它必然会因为供过于求而下跌；相反，如果价格过低，则会导致生产者失去积极性，从而减少供应量，进而推高价格。因此，在市场交易中，必须密切关注商品价格的变化趋势，并据此作出相应的买卖决策。具体而言，就是要根据市场上某种货物的供求关系来决定其售价或购入价。比如，在供不应求的情况下，应当提高销售价格以获得更高收益；而在供大于求时，则应降低买入成本以增加利润空间。

范蠡还强调了"有余"与"不足"之间的动态平衡对于维持市场稳定的重要性。他认为，只有通过合理调配资源才能实现这一目标。例如，在丰收年份里，政府可以采取收储措施防止粮食价格暴跌；而在歉收之年，则可释放库存平抑物价上涨。同样地，个人投资者也应学会利用这种机制进行风险管理。

更重要的是，范蠡提倡反向思维的投资策略。也就是说，当大多数人都不愿意投资的时候，恰恰是你进入市场的好时机；反之亦然。这种看似违背常理的做法实际上是建立在深刻理解事物发展规律基础上的一种智慧选择。正如他的那句名言："贵出如粪土，贱取如珠玉。"意指在采购货物时，应像对待珍贵宝石那样重视那些正处于低价阶段的商品，尽可能地买进并储存起来。一旦市场需求恢复甚至超过原有水平，这些原本被低估的产品就会迅速升值。这时就需要果断出手，像丢弃废弃物一样毫不留恋地将其全部售出，切不可因贪恋一时的小利而错失良机。

范蠡通过对自然法则及社会经济现象的深入观察与思考，总结出了一套行之有效的方法论，指导人们如何更好地适应环境变化、把握商机。他的思想不仅在当时具有重要的实践意义，在今天依然值得我们学习和借鉴。通过掌握这些原则并灵活应用，我们可以更加从容地面对复杂多变的现实挑战，为自己创造更多价值。

进一步分析可以发现，范蠡的观点不仅仅局限于简单的买卖行为上，更重要的是它体现了一种对于资本运作机制的深刻认识。他认为，在任何一个成功的商业模式背后，都存在着如何高效利用有限资源以创造最大价值的核心问题。因此，合理控制成本、优化销售策略成为关键所在。例如，在保证产品质量的前提下，降低生产成本，并通过扩大市场份额来弥补单个产品上可能减少的利润空间；或者采取灵活多变的价格政策，根据市场需求及时调整定价策略等措施，都是实现上述目标的有效手段之一。

范蠡还指出了闲置资金对于企业运营所带来的负面影响。他认为，未被充分利用的资金等同于浪费，因为它们失去了增值的机会。相反地，如果能够将这些资金投入到更具潜力的领域当中去，则不仅有助于提高整体收益水平，还能增强企业的抗风险能力。因此，他提倡商人应当时刻关注市场动态变化，抓住每一个机会进行投资，以此推动财富增值。

从范蠡关于商品价值规律及财务管理方面的论述中可以看出，其思想蕴含着丰富而深刻的经济学原理。这些观点至今仍具有重要的现实意义，为现代企业家提供了宝贵的指导思路。无论是面对复杂多变的市场环境，还是日益激烈的竞争态势，只要遵循正确的经营法则，善于把握时机，作出正确决策，就能够在激烈的商战中取得成功。

富无定法，以奇制胜

　　司马迁通过具体案例展示了不同行业的成功之道。例如，他详细描述了范蠡如何从一个贫穷的农夫转变为富可敌国的商人。范蠡善于观察市场动态，抓住商机，利用自己的智慧和勤奋，最终积累了巨额财富。这一案例充分说明了在商业活动中，敏锐的市场洞察力、灵活的经营策略和坚持不懈的努力是取得成功的关键因素。

　　司马迁还总结了商业经营的一些基本规律和原则。他强调诚信为本，认为商人必须以诚信赢得客户的信任，建立良好的商业信誉。此外，他还指出节俭的重要性，认为节俭不仅是积累财富的重要手段，也是保持企业长期稳定发展的基石。同时，他还强调了创新精神，认为只有不断创新，才能在激烈的市场竞争中立于不败之地。

　　在《货殖列传》中，司马迁还提到了一些具体的商业技巧和方法。例如，他提到商人应该善于利用天时地利人和，选择合适的时机进入市场或退出市场。他还强调了信息的重要性，认为掌握准确的市场信息是作出正确决策的基础。此外，他还提倡团队合作，认为一个成功的商人不仅要有个人的智慧和能力，还需要有一个团结协作的团队来支持他的商业活动。

《货殖列传》不仅是对古代商人成功经验的总结，更是一部关于商业经营智慧的经典著作。司马迁通过对众多商人故事的叙述和商业规律的总结，向众人传达了一个重要信息：无论从事什么行业，只要用心尽力，遵循基本的商业规律和原则，就一定能取得商业上的成功。这一观点至今仍然具有重要的现实意义，对于现代企业家和商人来说，仍具有很强的借鉴价值。

三百六十行，行行出状元

在古代的商业世界中，各行各业都有其独特的挑战和机遇。尽管某些行业看似低贱或不合法，但仍有人凭借自身的智慧、毅力和策略在这些领域中脱颖而出，成为财富的拥有者。例如，秦扬通过种田务农这一看似笨重的行业，成为一州的首富。他不仅精通农业技术，还善于管理和创新，使得他的田地产量远超他人，最终积累了大量财富。

雍乐成是一位行走叫卖的商人，这个行业在当时被认为是一种卑贱的职业。然而，雍乐成凭借自己的勤劳和诚信，赢得了顾客的信任和支持，最终发财致富。他的成功证明了只要用心经营，任何行业都有可能带来巨大的回报。

贩卖油脂在古代被视为耻辱的行当，但雍伯却靠它挣到了千金。他通过对市场的深入了解和对产品质量的严格把控，使得自己的油脂在市场上备受青睐。他的成功表明了在商业中注重品质和服务的重要性。

张氏是一位卖水浆的小贩，这个行业看似微不足道。然而，张氏通过精心挑选水源、严格控制水质和提供优质的服务，使得自己的水浆在市场上独树一帜。他的努力最终换来了上千万钱的收益，证明了即使是小本生意也能创造巨大的财富。

郅氏是一位磨刀匠，这个手艺在古代并不起眼。然而，郅氏凭借着精湛的技艺和良好的服务态度，赢得了众多客户的青睐。他的磨刀技术高超，刀经过他的手都能焕发出新的光彩与活力。因此，他的生意越来越好，最终富到列鼎而食。

浊氏是一位卖羊肚儿的小贩，这个行当在当时被认为是微不足道的事情。然而，浊氏通过精心挑选食材，烹饪出美味佳肴并提供优质的服务，使得自己的羊肚儿广受欢迎。他的努力最终换来了车马成行的财富。

给马治病在古代被视为浅薄的小术，但张里却通过这一技能富到击钟佐食。他对马匹的疾病有着深入的了解和研究，能够准确诊断并有效治疗各种病症。因此，许多贵族纷纷慕名而来寻求他的帮助，使得他的生意蒸蒸日上。

这些人都是心志专一而致富的典范。司马迁总结说：

"夫千乘之王，万家之侯，百室之君，尚犹患贫，而况匹夫编户之民乎！"这句话意味着即使是最普通的百姓也有追求财富的权利和机会。只要他们能够专注于自己的事业，善于总结经验教训并掌握正确的方法技巧，就能够取得成功。

出奇制胜

在当今复杂多变的商业环境中，精打细算与勤劳节俭无疑是财富积累的基础。然而，仅仅依靠这些传统美德并不足以实现巨大的财富增长。要想在激烈的市场竞争中脱颖而出，必须采用更为灵活和创新的策略，即所谓的"出奇制胜"。这一观点强调了商业成功不仅依赖于个人的努力，还需要智慧、策略以及对时机的精准把握。

在追求商业成就的过程中，长远眼光和全局意识是至关重要的。成功的商人必须具备对市场趋势的敏锐洞察力，能够在复杂的经济环境中找到最佳的发展路径。此外，诚信经营也是商业活动中不可或缺的原则之一。正如古语所说，"君子爱财，取之有道"，这意味着在追求利润的同时，必须遵循道德规范和社会责任感。

儒家思想和道家思想对中国商人有着深远的影响。儒家倡导的仁、义、礼、智、信等价值观为商业行为提供了道德指导，而道家的自然无为哲学则教会了人们顺应自然规律的重要性。范蠡的经商理念正是这两种思想的完美结合。他不仅注重信誉和正直，还擅长观察天时地利，善于利用环境变化来获取利益。这种能够适应外部环境变化的能力，使得他能够在不断变化的市场中立于不败之地。

值得注意的是，任何事物都有其适度的原则。过度追求某一方面可能会导致失衡甚至失败。因此，在商业决策中，重要的是保持平衡，既要勇于创新突破，又不可忽视风险控制；既要积极进取争取机遇，也要谨慎行事，避免盲目冒险。总之，只有做到在既不违背自然法则也不背离社会伦理的前提下进行商业活动，才能真正实现可持续发展的目标。

承担社会责任

在现代社会，一个成功的商人不仅是一个经济上的成功者，更是一个勇于承担社会责任的人。这种责任感不仅体现在对社会的贡献上，也直接影响企业的长远发展。老子曾说："天地所以能长且久者，以其不自生，故能长生。"这句话深刻地揭示了自然法则和社会运行的真理：只有不自私自利，才能获得长久的生命力。对于商人而言，这意味着他们不仅要追求经济利益，还要关注社会福祉，通过积极履行社会责任来实现企业的可持续发展。

彼得·德鲁克作为现代管理学之父，也强调了企业与社会之间的互动关系。他认为，企业存在的根本目的是为社会创造价值，而不仅仅是为了获取利润。当企业能够解决社会中的实际问题、满足人们的需求时，社会自然会给予其相应的回报。这种观点表明，真正的商业成功不仅仅基于财务指标，更在于能否构建起良好的品牌形象和社会声誉。因此，企业在制定战略时应当充分考虑其对社会的影响，并努力成为负责任的"企业公民"。

范蠡作为中国古代最为成功的商人之一，在经商方面有着独到见解。据记载，他曾提出"商道即人道"，意指做生意首先要讲求诚信之道，对待顾客要充满感激之情。他认为，正是消费者支持了商家的发展，没有消费者就没有市场，因此，商家应对消费者心存感恩，并通过提供优质的产品和服务来回馈消费者的信任和支持。只有这样，才能建立起稳定的客户基础，从而促进自身业务的成长壮大。此外，他还主张公平交易，反对欺诈行为，认为这些都是维护良好商业环境不可或缺的因素。

无论是从哲学角度还是实践层面来看，成功的企业家都应该具备强烈的社会责任感。这不仅有助于提升企业形象，增强公众信任度，还能为企业带来长期的利益增长点。面对日益激烈的市场竞争环境，那些能够在追求经济效益的同时不忘回馈社会的企业，往往能够赢得更多人的认可和支持，进而实现更加辉煌的成就。因此，每一位希望建立百年老店的企业家都应该牢记自己的使命——不仅要创造财富，更要为构建和谐社会贡献自己的力量。

《货殖列传》与今天经济学、金融学理论比较

欲望动力说与现代消费理论

在《货殖列传》中，司马迁以锐利的眼光关注了社会经济方面的问题，并提出了人的欲望是推动经济发展的根本动力的观点。这一观点与现代经济学中的消费理论相呼应，即消费者的需求和欲望是市场经济活动的基础。

司马迁认为，人们追求财富和物质享受的欲望是经济发展的动力。他在《货殖列传》中写道："富者，人之情性也。"这句话表明了他认为追求财富是人类天性所驱使的行为。他认为，人们为了满足自己的欲望而不断努力工作、创业和投资，从而推动了经济的发展。

司马迁的观点与现代经济学中的效用理论有着异曲同工之妙。效用理论是领导者进行决策方案选择时使用的一种理论。在决策问题中，领导人对可能产生的利益和损失作出反

应，这种对于利益和损失的独特看法、感觉、反应或兴趣被称为效用。效用理论强调了个体对不同选择的偏好和满足程度，从而指导着他们的经济行为。

司马迁的观点还与现代经济学中的需求弹性概念相契合。需求弹性是指消费者对价格变化的反应程度。当商品价格上涨时，如果消费者对该商品的需求减少得较少或不变，那么这个商品就具有较高的需求弹性；反之，如果消费者对该商品的需求减少得较多或完全消失，那么这个商品就具有较低的需求弹性。需求弹性的概念揭示了消费者对价格变化的敏感程度，从而影响了市场供求关系和经济波动。

司马迁在《货殖列传》中提出的欲望动力说与现代经济学中的消费理论有着密切的联系。无论是古代还是现代，人们对财富和物质的追求都是经济活动的核心驱动力。

农、虞、工、商并重与现代多元化经济结构

司马迁在《货殖列传》中提出了农、虞、工、商并重的观点。这一思想不仅在当时的封建社会具有进步意义，而且与现代经济学中关于经济结构多元化的理念不谋而合。在当代社会，经济结构的多样性和综合性已经成为推动经济发展的重要动力，而司马迁的这一观点无疑为我们今天的经济理论提供了宝贵的历史智慧。

司马迁认为，农业是国家的根本，是人民生活的基础；

虞（山林川泽的管理）则关乎资源的合理利用与保护；工业（包括手工业和制造业）的发展能够提高生产效率，增加物质财富；商业的繁荣则促进了商品交换，激活了市场经济。这四个方面相互依存、相互促进，共同构成了一个国家经济体系的完整框架。在当时以农业为主导的社会背景下，司马迁能够超越时代的局限，提倡各行业平衡发展的理念，显示了他的远见卓识。

进入二十一世纪，随着全球化和技术革新的加速推进，现代经济体系正经历着深刻的变革。一方面，服务业尤其是金融、信息技术等领域迅速崛起，成为拉动经济增长的新引擎；另一方面，高科技产业如互联网、人工智能等不断涌现，对传统产业模式构成挑战的同时，也为经济发展注入了新的活力。这种趋势表明，单一的产业结构已难以满足现代社会的需求，多元化成为必然选择。

现代经济学家指出，经济结构多元化有利于分散风险、增强抵御外部冲击的能力。当某个行业遭遇困境时，其他领域可以发挥缓冲作用，确保整体经济稳定运行。此外，发展不同类型产业之间的互补效应，还可以创造出更多就业机会，提高国民收入水平，从而促进社会公平和谐。例如，在一些发达国家中，虽然制造业占比逐渐下降，但凭借强劲的服务业和创新能力强大的科技产业支撑，依然保持着强劲的竞争力。

值得注意的是，尽管我们强调经济结构的多样化，但这并不意味着所有类型的经济活动都具有同等重要性。根据各国实际情况及资源禀赋差异，应当有所侧重地扶持和发展特定优势产业。比如，对于资源丰富的国家来说，合理开发利用自然资源将是其经济发展的关键；而对于科技创新型国家而言，则需加大研发投入力度，培育壮大战略性新兴产业。因此，在追求多元化的过程中也要做到因地制宜、科学规划。

市场经济规律的阐述与现代市场机制

司马迁对市场经济规律的理解，至今仍令人赞叹。他在《货殖列传》中对市场供求关系的深刻洞察，与现代经济学中的供求理论、价格机制等概念有着惊人的相似之处。这种跨时代的智慧，不仅展现了司马迁敏锐的经济眼光，也为我们今天理解和把握市场经济提供了宝贵的思想资源。

司马迁在《货殖列传》中指出，商品价格受供求关系影响，且有其自然的涨跌规律。这一观点与现代经济学中的供求理论高度一致。供求理论认为，商品的价格由市场上对该商品的供给和需求共同决定。当供给量超过需求量时，商品价格会下降；反之，当需求量超过供给量时，商品价格会上升。这种价格机制是市场经济的核心，它通过价格信号引导资源配置，使得市场达到均衡状态。

司马迁的观点并非凭空而来，而是基于他对当时社会经济活动深刻的观察和分析。他注意到，商人根据市场需求的变化调整商品生产和流通策略，从而获得利润。这种以市场需求为导向的生产经营活动，实际上就是现代市场经济中企业追求利润最大化的行为。司马迁通过对这些活动的细致描述，揭示了市场经济的基本运行规律。

更为值得一提的是，司马迁的观点还与现代金融学中的有效市场假说有着异曲同工之妙。有效市场假说认为，市场价格反映了所有可用信息，投资者不可能通过分析以往价格获得高于市场平均水平的超额利润。这意味着，在一个有效的市场中，信息是透明的，市场参与者能够迅速吸收并反映新的信息到价格中去。司马迁在《货殖列传》中所描述的市场活动，虽然没有使用现代金融学的术语，但实际上已经触及了有效市场的核心理念。

司马迁的这种见解在当时是非常先进的。在那个时代，大多数人关注的是国家大事、军事行动和政治变动，而司马迁却能够从社会经济的角度出发，关注民众的日常生活和经济行为。这种视角的转变体现了他的前瞻性思维。他不仅记录了历史，更通过对经济现象的观察和思考，为我们留下了一份珍贵的经济思想遗产。

在今天的市场经济条件下，司马迁的观点仍然具有重要的启示意义。随着全球化和信息化的发展，市场变得更加复杂多变，但供求关系仍然是决定商品价格的基本因素。无论是企业的生产决策、消费者的购买行为还是政府的政策制定，都需要考虑供求关系的变化。同时，有效市场的理念也提醒我们，要注重市场的透明度和信息的公开性，确保市场能够有效地发挥作用。

司马迁在《货殖列传》中所展现的经济思想，不仅证明了他作为一位伟大史学家的远见卓识，也为后来的经济学家提供了宝贵的思想财富。他的洞见跨越了两千多年的时空距离，与现代经济学的理论相辉映，显示了人类对经济规律理解的连续性和发展性。这种跨时代的对话，不仅让我们更加敬佩古人的智慧，也激励我们在新的历史条件下不断探索和深化对市场经济规律的理解和应用。

司马迁在《货殖列传》中对市场经济规律的阐述，不仅丰富了我们对古代社会的认识，也为现代经济学理论提供了重要的参考价值。他的思想和观点，经过时间的考验，依然闪烁着智慧的光芒，值得我们深入研究和传承。

地域经济思想与现代区域经济学

在《货殖列传》中，我们可以窥见作者对经济地理的深刻洞察。这部作品不仅记录了当时各地的经济状况，还展示了不同地区因自然资源、气候条件和地理位置等因素而形成的经济特色与差异。这种对地域经济特点的细致观察，与现代区域经济学的理念不谋而合。今天，当我们研究区域经济政策和产业集聚等现象时，实际上也是在分析不同地区的资源禀赋和发展条件是如何影响其经济活动的。

司马迁生活在西汉时期，那是一个农业社会，但他的视野并未局限于此。在《货殖列传》中，他详细描述了各地的商业活动、手工业以及对外贸易情况，展现了一幅丰富多彩的经济画卷。例如，他提到燕赵之地盛产丝麻，而齐地则以渔业闻名；蜀地因其独特的地理环境成为盐、铁的重要产地。这些描述不仅反映了当时的经济现实，也揭示了地域资源对经济发展模式的影响。

进入现代社会，随着经济的发展和技术的进步，区域经济的概念变得更加复杂且多元化。现代区域经济学是一门研究不同地区经济活动及其相互作用规律的科学。魏后凯主编的《现代区域经济学》详细介绍了国内外区域经济学研究的绝大部分重要领域。书中指出，区域经济差异是指在一个统一的国家内部，一些区域比另一些区域有更快的增长速度、更高的经济发展水平和更强的经济实力，致使空间上呈现发达区域与不发达区域并存的格局。这种现象在我国尤为明显，东部沿海地区由于其得天独厚的地理位置和政策优势，经济发展水平远高于中西部地区。

从历史到现代，无论是司马迁还是现代经济学家们，都在强调一个核心观点：地区的自然条件、资源禀赋以及人文环境对其经济发展具有深远的影响。司马迁通过实地考察和文献研究，总结出了各地的经济特点；而现代区域经济学家则运用更为系统的理论框架和数据分析方法，来探讨这些问题。两者虽然相隔千年，但都揭示了同一个真理——地域差异是理解区域经济发展不平衡的关键。

现代区域经济学中关于地区经济发展差异和优势的理论为我们提供了一个全新的视角来审视这个问题。它告诉我们，每个地区都有其独特的资源和条件，这些因素共同作用形成了该地区的竞争优势或劣势。因此，制定有效的区域经济政策，需要深入分析各个地区的具体情况，发挥其长处，弥补其不足。这也是为什么政府会在特定地区推行一系列优惠政策，如税收减免、基础设施建设等，以促进当地经济的发展。

产业集聚作为现代区域经济学的一个重要概念，也体现了地域经济差异的重要性。产业集聚指的是某一行业内的企业或相关支持机构在地理上的集中现象。这种集中往往能够带来规模经济效应、知识溢出效应以及创新活动的加速，从而推动整个行业的发展。然而，产业集聚的形成并非偶然，它通常是基于该地区特定的资源条件、市场需求或是历史传统等多种因素的综合作用结果。

无论是古代的经典著作还是现代的经济学理论，都强调了地区间的差异性对于理解和推动经济发展的重要性。司马迁在《货殖列传》中所展现的对地域经济的深刻认识，与现代区域经济学中关于地区经济发展差异和优势的理论相吻合，表明了人类对于这一领域的探索从未停止过。通过对历史的回顾与现实的分析，我们能更好地把握经济发展的趋势，为未来的决策提供科学的依据。

致富的方式方法与现代创新理论

《货殖列传》不仅展现了古代中国社会经济活动的繁荣景象，更深刻揭示了创新与智慧对经济活动重要性的认识。这一观点，跨越千年时空，与现代经济学中的创新理论形成了奇妙的呼应，都强调了创新在推动经济发展中的不可或缺的作用。

创新：古今共通的财富密码

《货殖列传》虽聚焦于古代商业活动，却蕴含着丰富的经济思想。司马迁敏锐地观察到，那些在商业领域取得巨大成功的人，无一不是善于创新、勇于探索的佼佼者。他们不满足于现状，敢于打破传统束缚，通过技术创新、商业模式的创新以及市场策略的灵活运用，实现了财富的快速积累。这种对创新的重视和追求，与现代经济学中的核心理念不谋而合。

现代经济学中的创新理论，以奥地利经济学家约瑟夫·熊彼特为代表，进一步系统化、理论化了创新对经济增长的推动作用。熊彼特认为，正是企业家的创新行为——无论是引入新产品、采用新技术、开辟新市场，还是实现企业组织的新形式——不断打破市场的均衡状态，引发经济的动态增长。这种创新精神，是推动社会进步和经济发展的根本动力。

智慧：引领创新之光

在《货殖列传》中，我们不仅能读到关于创新的重要性，更能感受到智慧的光芒在其中闪耀。古人云："智者见于未萌，愚者暗于成事。"那些成功的商人往往具备超凡的智慧和远见，能够洞察市场变化，把握商机，制定精妙的经营策略。他们的智慧不仅体现在对市场趋势的精准预测上，还体现在能够于复杂多变的经济环境中灵活应对，不断创新求变。

同样，在现代经济活动中，智慧也是引领创新之光的重要因素。面对日益激烈的市场竞争和日新月异的技术变革，只有具备深厚智慧与敏锐洞察力的企业和个人才能脱颖而出。他们通过不断学习新知识、掌握新技术、探索新模式来提升自身的创新能力和竞争力。这种智慧与创新的结合使他们能够在经济舞台上持续发光发热。

创新与智慧：共筑经济繁荣之梦

回顾历史长河中无数成功商人的故事不难发现，创新与智慧始终是他们取得成功的关键因素。从古代的范蠡、计然到现代的乔布斯、马斯克等商业巨擘，无一不是凭借其卓越的创新能力和深邃的智慧改变了行业格局并推动了经济发展。这些成功案例不仅证明了司马迁在《货殖列传》中的远见卓识，也为我们提供了宝贵的启示：在当今这个充满机遇与挑战的时代，要想实现经济的持续繁荣和社会的全面进步，就必须高度重视创新与智慧。

创新与智慧相互依存、相互促进，共同推动着社会经济的不断发展。在未来的发展道路上，我们应继续秉承这一理念，不断激发全社会的创新活力和智慧潜能，为实现更加美好的未来贡献我们的力量。

实证方法与现代经济学研究方法

在《货殖列传》中，司马迁通过实证方法论证其经济观点的合理性。这一做法与现代经济学中实证研究和计量方法的使用有着惊人的相似之处。

《货殖列传》主要记录了春秋末期至秦汉以来的大货殖家的事迹。这些大货殖家包括范蠡、子贡、白圭、猗顿、卓氏、程郑、孔氏、师氏、任氏等。他们在当时的社会背景下，通过各种手段积累了巨大的财富和影响力。《货殖列传》不仅详细记载了他们的生平事迹，还深入分析了他们的经济活动及其背后的经济思想。

司马迁在《货殖列传》中采用了一种类似于现代经济学实证研究的方法来论证他的经济观点。他通过对大量历史事实的描述和分析，揭示了经济活动的基本规律和原理。例如，他描述了不同时期的商业活动、货币流通、市场供需等方面的变化，并通过这些变化来解释经济发展的动力和机制。这种基于事实和数据的研究方法，正是现代经济学实证研究的核心特点之一。

《货殖列传》中还体现了一些与现代经济学理论相契合的经济观念。比如，司马迁强调了商业活动的重要性，认为商业是推动社会经济发展的关键因素之一。这与现代经济学中对市场机制和自由贸易的重视不谋而合。另外，他还提到了货币的作用，指出货币作为交换媒介和价值尺度的重要性，这与现代货币经济学的观点也是相一致的。

在方法论上，司马迁同样展现出了现代经济学的影子。他在研究过程中使用了观察法、谈话法等多种实证研究方法。例如，他通过观察不同地区的商业活动和货币流通情况，收集了大量的数据和信息；同时，他也通过与当时的商人和官员进行交流，了解他们对经济形势的看法和建议。这些方法的应用，使他的研究更加全面和深入。

　　《货殖列传》中的经济思想和实证方法与现代经济学研究方法有着惊人的相似性。司马迁通过实证方法论证其经济观点的合理性，这与现代经济学中实证研究和计量方法的使用不谋而合。现代经济学强调数据和事实的分析，以验证经济理论和政策的有效性，而这一点在《货殖列传》中也得到了充分的体现。因此，我们可以说，《货殖列传》不仅是中国古代史学的重要成果，也是一部具有深刻经济思想的经典著作，它的研究方法和理论观点对现代经济学的发展仍然具有一定的启示和借鉴意义。

《货殖列传》对今天企业家的启示

重视学习与创新

在古代的商业世界里，子贡、范蠡、曹氏、和氏等商人的故事不仅是历史的见证，更是商业智慧的传承。这些故事告诉我们，企业家要成功，首先要善于学习、不断学习。这种学习不仅仅是知识的积累，更是一种人生智慧的提升。通过学习，企业家可以在复杂多变的商业环境中保持敏锐的洞察力和判断力，从而在激烈的竞争中脱颖而出。

子贡是孔子的弟子之一，他以其卓越的商业才能和高尚的道德品质闻名于世。据史书记载，子贡不仅在商业上取得了巨大的成功，还在政治上有所作为。他的成功在很大程度上归功于他对知识的不懈追求。子贡深知，只有不断学习，才能跟上时代的步伐，把握市场的脉搏。他经常与各地的商贾交流，了解不同地区的商品行情和市场需求，从而作出正确的商业决策。这种对知识的渴望和对市场的敏感度，使他能够在竞争激烈的商业环境中立于不败之地。

范蠡则是另一位古代著名的商人，他以其独特的商业眼光和经营策略著称。范蠡认为，商业的本质在于交换，而交换的基础是对商品价值的准确把握。因此，他非常重视对市场信息的收集和分析。范蠡经常深入市场，了解商品的价格波动和供求关系，从而制定出合理的经营策略。他还注重与合作伙伴建立良好的关系，通过合作共赢的方式实现自身的发展。这种对市场的深刻理解和对人际关系的重视，使他能够在商业领域取得辉煌的成就。

曹氏、和氏则是春秋时期齐国的两位著名商人，他们以经营盐业而闻名。据《货殖列传》记载，曹氏、和氏通过对市场的深入研究和精准的市场定位，成功地将盐业做大做强。他们不仅掌握了先进的制盐技术，还建立了完善的销售网络，使其盐产品能够迅速占领市场。这种对技术和市场的双重视，使得曹氏、和氏能够在激烈的商业竞争中占据有利地位。

这些古代商人的故事告诉我们，企业家要想在商业领域取得成功，必须具备持续学习的能力。学习不仅是为了获取知识，更是为了创新我们的思维方式和提升我们的解决问题的能力。在当今这个信息爆炸的时代，知识更新的速度越来越快，只有不断学习，才能保持竞争力。此外，学习还能帮助我们拓宽视野，增强创新能力，从而在复杂多变的商业环境中找到新的机会。

除了学习之外，企业家还需要具备敏锐的商业洞察力。商业洞察力是指对企业内外环境进行深入分析，从而发现潜在的商业机会和风险的能力。这种能力对于企业家来说至关重要，因为它直接关系到企业的生死存亡。正如子贡、范蠡、曹氏、和氏等人所展现的那样，只有具备敏锐的商业洞察力，才能在激烈的市场竞争中抢占先机，实现企业的快速发展。

注重个人修养与道德形象

子贡小时候丧父，家境贫寒，但他非常勤奋好学。他非常尊敬孔子，并一直坚持追随孔子学习。一次，他身上穿着烂衣服，但他仍然毫不犹豫地坐在孔子的左边，表达出对孔子的尊敬之情。孔子称赞他是一个优秀的学生，因为他懂得尊重老师和倾听他人的教诲。

在另一个故事中，子贡在国外赎了一个鲁国人，回国后拒绝收下国家补偿金。孔子认为这不是好办法，因为从今以后，鲁国人就不肯再替沦为奴隶的本国同胞赎身了。如果收取国家的补偿金，并不会损害你的行为的价值；而你不肯拿回你抵付的钱，别人就不肯再赎人了。这个故事强调了个人行为对社会风气的影响，以及富而好礼的重要性。

在商业领域，企业家在追求商业成功的同时，也需要注重个人修养的提升和道德形象的塑造。这不仅能够提升个人的影响力，还能为企业带来更多的商机和认可。一个自身修为很好的人，他的企业一定不会坏到哪里去；同样，一个修为不好的人，他的企业也不会好到哪里去。

古语云："家不齐，则国难治。"同样的道理也可以应用到企业管理中。企业家在发展事业的同时，也不能忽视家庭的稳定。

《礼记》中说："父子笃，兄弟睦，夫妻和，家之肥也。"这句话同样适用于企业和组织内部的关系处理。一个和谐的内部环境能够促进企业的健康发展，反之则会阻碍企业的进步。因此，企业家们需要自觉地强化思想和行为两个方面的修养，实现知与行的统一。

无论处于何种社会地位或经济状况，都应该保持谦虚谨慎的态度，尊重他人，遵守社会规范。这种"富而好礼"的精神对于今天的企业家来说依然具有重要意义。通过不断提升自己的道德修养和社会责任感，企业家可以为社会作出更大的贡献，同时也能够赢得更多人的尊敬和信任。

具备仁义之心

范蠡的故事始于他的政治生涯。范蠡在助越王勾践复国之后，选择隐退商界，展现了他对权力的淡泊和对生活的深刻理解。他在商业上的成功并非偶然，而是缘于他对道德和仁爱的重视。范蠡在经商过程中，始终坚持以仁义为本，不欺不诈，赢得了广泛的尊重和信任。这种品德不仅帮助他积累了财富，更重要的是，为他营造了一个和谐的经营环境。

现代企业家可以从范蠡的故事中学到，持家如同治国，需要有一颗仁义之心。在企业内部，这意味着要关心员工的成长和福利，尊重每一位员工的贡献。只有当员工感受到被尊重和重视时，他们才会更加积极地投入到工作中，为企业的发展贡献自己的力量。此外，企业家还应该注重与社会的互动，通过公益活动等形式回馈社会，树立良好的企业形象。

除了仁义之心，范蠡还以严于律己著称。在生活中，无论是对待自己还是对待家人，他都坚持高标准、严要求。这种自律精神对于企业管理同样适用。企业家应该以身作则，树立榜样，通过自己的言行来影响和带动员工。一位严于律己的领导能够赢得员工的尊敬和信任，从而增强团队的凝聚力和企业的内部稳定性。

乐善好施是范蠡的又一大美德。他不仅在商业上取得成功，还积极参与"慈善事业"，帮助那些需要帮助的人。这种慷慨的行为不仅体现了他的人格魅力，也为他的企业带来了良好的口碑和社会声誉。对于现代企业家而言，乐善好施不仅是一种社会责任，也是一种长远的投资。通过参与慈善活动和社会公益事业，企业可以建立起积极向上的品牌形象，吸引更多的客户和合作伙伴。

在企业经营过程中，企业家道德是不可或缺的一部分。它不仅是调节企业家与企业、与社会、与其他企业相关经营者关系的行为准则，也是企业家这一特殊职业的道德要求。一位具有高尚道德品质的企业家能够更好地处理各种复杂关系，赢得市场的认可和客户的信赖。

企业凝聚力是企业发展的重要基础，它决定了员工的精神状态和工作积极性。企业家与员工之间的互动是塑造企业凝聚力的关键方法之一。通过交流和沟通，企业家可以了解员工的需求和期望，及时解决员工的问题和困惑，从而提高员工的满意度和忠诚度。同时，企业领导应该做好表率作用，用自己的行为去感染和激励员工。

企业家应该具备仁义之心、严于律己和乐善好施的品质。这些品质不仅有助于企业家的家庭和谐，也能为企业营造良好的内部氛围，增强员工的凝聚力和向心力。在当今这个充满竞争的商业环境中，这些传统美德仍然是我们宝贵的精神财富，值得每一位企业家去学习和践行。

智足与权变

司马迁在《货殖列传》中提到，成功的商人应能够把握市场行情变化，即"逐时知物"。这意味着商人需要对市场发展趋势有敏锐的洞察力，能够在适当的时机进行买卖，从而获得利润。

中国政法大学商学院教授李晓指出，商人最需要具备的智慧就是足够的"判断力"。这种判断力是企业家在复杂多变的情况下作出正确决策的关键，是引领企业走向成功的法宝。

在商业的海洋中航行，企业家如同船长，需要时刻洞察风向，预判风暴，以确保船只能够顺利到达彼岸。这种能力并非一蹴而就，而是日复一日、年复一年在商海中摸爬滚打、历经磨砺才能形成的。正如李晓教授所言，企业家的判断力来自他们刻骨铭心的谦卑和对大局的把控。他们需要在公司的每一个小插曲中都能看到战略的高度，从而作出正确的决策。

在创业的道路上，企业家面对的是不确定性，是在没有充分信息时就要拍板决策。一旦决策，就要坚定不移地去执行，即使面临再大的困难，也要硬着头皮走下去。这种超乎寻常的判断力，是他们在无数次的实践中磨炼出来的。每一次的失败都是对判断力的锤炼，每一次的成功则是对判断力的肯定。

在《哈佛市场营销决策分析及经典案例》一书中，作者盘和林深入分析了工商管理人士、高级营销经理、政府官员、营销讲师等在市场决策中的典型案例，为企业家提供了宝贵的参考和借鉴。这些案例不仅展示了企业家如何在复杂多变的市场环境中作出正确的决策，更揭示了判断力在商业成功中的重要作用。

以无锡尚德集团为例，该企业在市场环境变化、产能投资决策与财务流动性之间作出了精妙的权衡，成功地在竞争激烈的市场中占据了一席之地。这一案例生动地说明了企业家判断力的重要性：在关键时刻作出正确的决策，就能为企业带来巨大的成功。

因此，每一位企业家都应该注重培养自己的判断力，通过不断地学习和实践来提高自己的决策水平。

勇足以决断

在商界，我们常常听说判断力对于企业家的重要性。确实，精准的市场判断和明智的商业决策是企业成功的基石。然而，除了判断力之外，行动力同样是优秀企业家必须具备的素质之一。成功的企业家往往能够迅速将决策转化为行动，抓住市场机遇，实现企业的发展。

行动力是指愿意不断学习、思考，养成习惯，使动机更强烈。进而获得导致成功结果的行为能力。它不仅仅是指快速执行任务的能力，更是一种内在的驱动力和自我管理能力。具有较强行动力的人通常具备超强的自制力，能够突破自己，实现目标。

在商业环境中，行动力意味着企业家不仅要有敏锐的判断力，还需具备将决策迅速转化为实际行动的能力。这种能力帮助企业家在竞争激烈的市场中抢占先机，从而获得更多的市场份额和更高的利润。

那么，该如何提升行动力呢？

第一，培养自律性。

自律是行动力的重要组成部分。企业家需要通过自我约束和时间管理来提高效率，避免拖延和懒散。例如，可以通过制订日程表，明确每日的任务和目标，并严格按照计划执行。同时，减少外界干扰，专注手头的工作，提高专注力和执行力。

第二，培养冒险精神。

行动力还体现在敢于冒险、勇于尝试新事物上。市场环境瞬息万变，企业家需要在不确定中寻找机会。这就要求企业家要具备一定的冒险精神，敢于走出舒适区，挑战自我，进行改革和创新。当然，冒险并不意味着盲目，而是在充分评估风险后，作出明智的决策。

第三，制订明确的战略和计划。

有效的战略规划是提升行动力的关键。企业家需要根据市场环境和自身资源，制订明确的目标和行动计划。这不仅包括长远的战略规划，还包括具体的短期目标和实施步骤。通过分解目标，逐步推进，可以确保每一步都朝着最终的目标迈进。

亚马孙创始人杰夫·贝索斯以其卓越的行动力闻名。他不仅有敏锐的市场洞察力，还能迅速将决策转化为行动。例如，当亚马孙决定进军云计算市场时，他们迅速推出 AWS 服务，并在短短几年内占据了市场的主导地位。这种高效的执行力帮助亚马孙在多个领域实现了跨越式发展。

特斯拉创始人埃隆·马斯克也具有超强的行动力。他不仅提出了电动汽车和太阳能屋顶等创新概念，还能够迅速将这些概念变为现实。特斯拉通过不断的技术革新和市场拓展，成为全球领先的新能源汽车制造商。马斯克的行动力不仅推动了特斯拉的发展，也为整个汽车行业带来了深刻的变革。

行动力是企业家成功的重要因素之一。它不仅要求企业家具备强大的判断力，还需要他们具备将决策迅速转化为实际行动的能力。通过培养自律性、增强冒险精神、制订明确的战略和计划，企业家可以大幅提升自己的行动力，从而在激烈的市场竞争中立于不败之地。

正如亚马孙和特斯拉的成功案例所展示的那样，只有将判断力和行动力结合起来，才能真正抓住市场机遇，实现企业的跨越式发展。

仁能以取予

在当今这个高度互联的世界里，企业家的角色已经远远超出了传统的管理和领导范畴。他们不仅是战略的制定者，更是人际关系的编织者。亲和力作为企业家在企业经营中不可或缺的品质之一，其重要性不言而喻。通过建立良好的人际关系和合作关系，企业家不仅能为企业创造更多的价值，还能在竞争激烈的市场中脱颖而出。

亲和力是一种能够拉近人与人之间心理距离的能力，它基于真诚、尊重和理解。在企业管理中，具有亲和力的企业家能够更好地与员工建立信任关系，这种信任是高效团队合作的基石。当员工感受到来自领导的关怀和支持时，他们的工作积极性和创造力也会得到显著提升。此外，亲和力还能帮助企业家在面对内部冲突时，以更加平和与建设性的方式解决问题，维护团队的和谐稳定。

除了内部管理，亲和力在企业对外合作中同样发挥着重要作用。在商业谈判和合作过程中，亲和力可以帮助企业家更容易地赢得合作伙伴的信任和尊重，从而建立起稳固的合作关系。这种关系不仅有助于企业在短期内与合作方达成交易，更能够在长期内与之形成战略联盟，共同探索市场机会，实现资源共享和优势互补。

在数字化时代背景下，消费者对于品牌的要求越来越高，他们不仅仅关注产品的质量，更加注重品牌的人文关怀和社会责任。亲和力强的企业家能够更好地与消费者建立情感联系，通过社交媒体等渠道与消费者进行互动，传递品牌的正面形象，增强消费者的品牌忠诚度。

亲和力并非一蹴而就的品质，它需要企业家在实践中不断学习和培养。首先，企业家需要具备强烈的自我认知能力，了解自己的优势和不足，以便更好地与他人沟通和互动。其次，企业家应该学会倾听他人的意见和需求，这不仅能够帮助企业家更准确地把握市场动态，还能够在团队中树立其开放和包容的形象。最后，企业家需要不断提升自己的人际交往技巧，包括非语言沟通、情绪管理和冲突解决等，这些都是提高亲和力的关键因素。

亲和力是企业家在企业经营中的一项重要资本。它不仅能够帮助企业家在内部管理中建立高效的团队，还能在外部合作中赢得伙伴的信任和支持，最终为企业带来更大的竞争优势和市场价值。在不断变化的商业环境中，拥有亲和力的企业家更有可能引领企业走向成功。

强能有所守

在创业的道路上，自制力是企业家守业的关键品质。企业家需要有坚定的意志来坚持自己的理念和目标。

让我们回顾一下企业家的定义。如法国经济学家让·巴蒂斯特·萨伊的说法，"企业家把经济资源从生产力较低的领域转移到生产力较高、收益较大的领域"。这意味着企业家需要具备敏锐的洞察力和果断的决策能力，以便在不断变化的市场环境中抓住机遇。

仅仅具备以上这些技能是不够的。德国经济学家马克斯·韦伯曾指出："贪婪和自制是新时代企业家面临的选择，而自制是唯一正确的答案。"他认为只有非常坚强的性格才能防止企业家失去自制力。这是因为在商业世界中，诱惑无处不在，无论是金钱、权力还是名誉，都可能让企业家迷失方向。因此，拥有强大的自制力对于企业家来说至关重要。

为什么说自制力是企业家守业的关键品质呢？

在商业活动中，企业家经常面临各种诱惑，如高额利润、快速成功等。如果没有强大的自制力，企业家可能会为了追求短期利益而放弃长期发展目标。而拥有自制力的企业家能够坚守自己的原则和价值观，抵制诱惑，专注于实现企业的长远发展。

在创业过程中，企业家不可避免地会遇到各种困难和挑战。这时，自制力就显得尤为重要。具备自制力的企业家能够在面对挫折时保持冷静和理智，分析问题的根源并采取有效措施加以解决。相反，缺乏自制力的企业家可能会因为一时的困境而陷入绝望或者盲目行动，导致更大的损失。

在竞争激烈的市场环境中，企业要想立于不败之地就必须不断创新。而创新需要企业家具备敏锐的洞察力和勇于尝试的精神。具备自制力的企业家能够在面对风险时保持谨慎态度，同时勇于挑战未知领域；他们懂得如何在变革中寻找机会并在失败后迅速调整策略以适应新的市场环境。

一位成功的企业家，不仅要关注企业的发展，还要注重个人形象的塑造。具备自制力的企业家，通常具有较高的道德标准和职业素养，他们诚实守信、勤奋努力并且善于与他人合作。这样的形象，有助于树立良好的公众形象，并为企业发展赢得更多支持。

那么如何培养和提高自己的自制力呢？

第一，设定明确的目标。为自己设定清晰、具体的目标可以帮助你更好地集中精力去实现它们。同时，要确保这些目标是符合你的价值观的，这样才能让你更有动力去追求它们。

第二，培养自律习惯。制订合理的计划并严格执行，可以帮助你逐渐养成自律的习惯。例如，每天安排固定的时间进行学习或锻炼等活动，可以让你的生活更加有序，有助于提高工作效率和个人素质。

第三，学会放松。适当的休息和娱乐可以帮助你缓解压力并恢复精力，从而更好地应对工作和生活中的挑战。但是要注意，不要过度沉迷于休闲活动，以免影响正常的工作进度和个人成长。

　　第四，寻求支持。与志同道合的人交流经验和心得，可以帮助你获得更多的启发和支持，同时也能增加你的自信心和归属感。此外，还可以参加相关的培训课程，或者阅读相关书籍，不断丰富自己的知识和提升技能水平。

我们能从《货殖列传》中学到什么

权衡利弊与风险

以决定是否开拓新市场为例，这一决策背后蕴藏着巨大的机遇与挑战。市场潜力是推动企业成长、实现突破的关键所在。通过深入分析目标市场的需求趋势、消费者行为模式以及竞争对手布局等多维度信息，企业家可以更准确地把握市场机会的大小及其可持续性。然而，与此同时，也不能忽视那些可能阻碍成功的因素：激烈的市场竞争环境、文化差异导致的沟通障碍等都是需要认真考量的问题点。只有当利大于弊时，这样的冒险才值得尝试，反之则需谨慎行事甚至重新规划战略方向。

谨慎行事并不意味着犹豫不决或过分保守，而是基于充分准备之上的理性判断。司马迁提出"椎埋去就"，这里的"去就"指的是进退、取舍。司马迁描述成功的商人能够"椎埋去就"，能够根据市场和时势的变化，合理地决定何时推进、何时退却。司马迁强调，在商业活动中要"知进退"，根据实际情况灵活调整自己的行动计划。因此，在作任何重要决定之前，我们都应该广泛听取意见、积极寻求外部专家建议，并结合自身经验进行综合考量，而不可感情用事，或说，凭借感觉或情感作为决策的衡量依据。

把握时机

在商业决策中，适时采取行动是至关重要的。这不仅需要敏锐的市场洞察力，还需要对时机的精准把握。唐朝诗人罗隐诗曰："时来天地皆同力，运去英雄不自由。"这句话揭示了时机的重要性。过早进入市场可能要增加很高的宣传成本，因为市场尚未准备好接受新的产品或服务；而进入过晚则可能失去先机，被竞争对手抢占市场份额。

比如，在共享单车行业初期，摩拜单车和 ofo 小黄车凭借敏锐的市场嗅觉，抓住了城市出行需求的变化，迅速布局市场，取得了成功。而随着市场的不断发展，更多的竞争者涌入，竞争变得异常激烈。此时，企业需要灵活应变，根据市场情况调整策略和计划。比如，通过技术创新提高用户体验、优化运营效率、拓展多元化业务等方式来保持竞争优势。

灵活应变还意味着能够在面对不确定性时保持冷静，快速做出反应。在瞬息万变的市场环境中，任何一个小小的变化都可能引发连锁反应。因此，企业必须具备高度的灵活性和适应性，以便在第一时间调整战略方向，抓住新的机遇。比如，在最近几年，许多线下零售商迅速转向线上销售，通过电商平台实现销售额的增长，而一些传统制造业企业则加快数字化转型步伐，利用大数据和人工智能技术提高生产效率。

保持平衡与稳定

作为领导者，需要明白，企业在追求短期利润的同时，不能忽视长期的发展战略。短期利润是企业生存的基础，但过度追求短期利益可能会导致资源的过度消耗和市场的快速饱和。因此，企业需要制订长远的发展目标，通过持续的创新和优化来确保长期的竞争力。

创新是企业持续发展的动力源泉，但盲目的创新可能会带来高昂的成本。因此，企业在推动创新的同时，必须注重成本效益分析，合理配置资源，避免浪费。例如，比亚迪公司在电动汽车领域不断推出新技术，同时，通过规模化生产和供应链优化来降低成本，使产品更具市场竞争力。

快速扩张虽然可以迅速抢占市场份额，但如果忽视了财务健康和风险控制，可能会使企业陷入资金链断裂的危机。因此，企业在扩展业务时，应建立健全风险评估机制，确保每一步决策都有充分的数据支持和风险预案。亚马孙公司就是一个成功的案例，它在全球化扩张的过程中，始终注重财务管理和风险控制，通过多元化的业务布局和稳健的投资策略，实现了持续的增长。

理解风口与趋势

风口指的是新兴行业或市场中出现的巨大机遇，这些机遇往往伴随着社会、经济或技术的重大变革。在商业领域，"风口"一词常被用来描述那些能够带来快速增长和巨大利润的机会窗口。比如，互联网初期的电子商务、近年来的人工智能和大数据等都是典型的风口。抓住风口的企业往往能在短时间内实现跨越式发展，而错失风口的企业则可能面临被淘汰的风险。要把握正确的时机，首先需要敏锐地识别时代的趋势。这包括关注新技术、新政策、新消费习惯等的变化，以及这些变化如何影响市场需求和商业模式。

2007 年，当史蒂夫·乔布斯发布第一代 iPhone 时，他不仅改变了手机行业的格局，也开启了移动互联网时代的大门。苹果通过精准洞察消费者对多功能设备的需求，并结合先进的触控技术和操作系统，成功地抓住了智能手机这一风口，成为全球市值最高的公司之一。

埃隆·马斯克于 2004 年正式接手特斯拉汽车公司。尽管最初面临着资金短缺和技术挑战，但他坚信未来属于清洁能源和智能交通系统。通过不断研发创新电池技术和自动驾驶软件，特斯拉克服了重重困难，成功推动了整个汽车行业向电动化转型，成为全球最知名的电动车制造商之一。

成立于 2012 年的北京抖音信息服务有限公司（字节跳动），凭借其核心产品——今日头条及抖音短视频平台，在中国乃至全球范围内构建了一个强大的内容分发网络。该公司利用算法推荐机制为用户提供个性化信息服务，同时也为创作者提供了展示才华的空间。这种基于用户行为数据分析的内容生产方式极大地提高了信息传播效率，使得字节跳动在短时间内积累了庞大的用户基础，并获得了巨大的商业价值。

无论是技术创新还是市场需求变化，成功的企业总是能够及时调整战略方向，把握住每一个可能出现的新机会。因此，对于任何希望在未来竞争中脱颖而出的企业来说，培养敏锐的市场洞察力和快速响应能力至关重要。同时，持续投入研发以保持技术领先优势也是不可或缺的条件之一。总之，只有紧跟时代步伐，不断创新求变，才能在这个充满不确定性的世界里立于不败之地。

顺势而为

雷军强调，创业者需要顺势而为，跟随社会的发展轨迹，抓住时代的需要。在互联网高速发展的阶段，投身于互联网行业，就是顺应时代的潮流。这种策略不仅能够帮助企业快速成长，还能有效降低创业风险。以亚马孙为例，杰夫·贝索斯在 1994 年创立该公司时，正是互联网开始普及的时期。他敏锐地察觉到电子商务的巨大潜力，并迅速行动起来，最终将亚马孙打造成为全球最大的在线零售商之一。

同时，创业者也要避免逆势而为，即不要盲目追求已经过时或即将被市场淘汰的行业或产品。历史上有许多因未能及时调整战略而导致失败的例子。比如，美国的柯达公司，作为胶卷摄影领域的巨头，它未能预见到数字摄影技术对传统胶片市场的冲击，结果错失转型良机，逐渐走向衰落。

对于企业家来说，正确判断行业趋势至关重要。一方面，要敢于创新、勇于尝试新事物；另一方面，也要保持清醒头脑，适时放弃那些不再具有发展前景的方向。此外，还需要建立灵活高效的决策机制，确保能够快速响应外部环境变化。

挖掘刚性需求和潜在需求

商业发展的本质在于不断挖掘人的刚性需求和潜在需求。在互联网时代，这种需求可能表现为对便捷、高效、个性化服务的追求。随着科技的进步和社会的发展，消费者的需求也在不断变化，因此，企业必须紧跟时代的步伐，不断创新以满足这些不断变化的需求。

亚马孙通过不断创新，建立了全球最大的电子商务平台之一。亚马孙不仅提供了便捷的购物体验，还通过个性化推荐系统和物流服务，满足了用户对快速、准确配送的需求。此外，亚马孙还通过云计算服务 AWS，为企业提供了强大的计算能力和存储空间，帮助他们更好地管理和分析数据。这些创新使亚马孙成为全球最大的在线零售商和云计算服务提供商之一。

除了技术创新，商业模式的创新也是商业发展的重要驱动力之一。比如，Uber 通过共享经济模式，改变了传统的出租车行业。Uber 利用智能手机应用程序连接乘客和司机，提供了更加便捷、灵活的出行方式。这种创新使 Uber 迅速崛起，并在全球范围内取得了巨大的成功。

保持灵活性和适应性

应对市场变化与持续学习改进，是企业在激烈竞争中脱颖而出、实现长期稳健发展的关键所在。市场犹如一片浩瀚无垠的大海，波涛汹涌、风云变幻，充满了无尽的未知与挑战。对于企业而言，要想在这片海洋中乘风破浪，就必须时刻保持敏锐的洞察力和高度的灵活性。

面对市场的瞬息万变，企业需要具备强大的适应性。这就如同一位航海家在茫茫大海中航行，必须根据风向、水流、天气等不断变化的因素，及时调整航线和航速，以确保船只能够安全、顺利地抵达目的地。同样，企业也需要根据市场的变化，灵活调整自己的经营策略、产品定位、营销手段等，以适应新的市场需求和竞争格局。

然而，企业想在市场上生存，仅仅依靠灵活性和适应性是远远不够的。在这个日新月异的时代，新的技术和市场环境层出不穷，对企业的要求也更高。因此，企业还需要持续学习和改进自己的技能和知识。这就像是航海家需要不断学习新的航海技术、了解最新的气象信息一样，企业也需要不断关注行业动态、学习先进技术、提升管理水平，以不断提升自身的竞争力。

利用资源与合作

企业通过与其他企业或个人的合作，共同开发市场，可以降低成本、提高效率。这种策略不仅适用于国内市场，在国际市场上也同样适用。

许多国家为了促进本国经济的发展，会出台各种优惠政策来吸引外国投资。例如，德国政府推出了"工业 4.0"计划，旨在推动制造业向智能化转型。该计划提供了大量资金支持和技术指导，帮助企业升级生产设备、提高自动化水平。对于想要进入德国市场的外国公司来说，这是一个绝佳的机会，可以通过申请相关补贴或贷款，降低初期投入成本，并快速适应当地市场需求。

　　风险投资是初创企业发展过程中不可或缺的一部分。硅谷作为全球科技创新中心之一，其成功很大程度上归功于活跃的资本市场以及众多愿意为有潜力项目提供资金支持的风险资本家。比如，Airbnb（爱彼迎），在其成立初期就获得了来自红杉资本等知名风投公司的多轮注资，这些资金帮助该公司迅速扩大规模并占领市场份额。此外，还有一些专门针对特定行业或者技术领域的投资平台，如 Y Combinator 专注于早期创业项目的孵化；Techstars 的业务范围则覆盖了从软件到硬件等多个领域。选择适合自己发展阶段及业务模式的投资伙伴，能够为企业带来宝贵的人脉资源和行业信息。

　　随着市场竞争的日益激烈，单一领域的专业知识往往难以满足消费者多样化的需求。因此，越来越多的企业开始尝试跨行业合作，以实现互补优势。例如，耐克与苹果公司联手推出了"Nike+ 跑步"应用，将运动装备与智能设备相结合，为用户提供更加个性化的运动体验。

消费者支持是商业的核心

　　消费者支持度是衡量一个品牌或产品在市场上受欢迎程度的重要指标之一。它不仅反映了消费者对某项商品或服务的认可与偏好，更深层次地体现了顾客对于该品牌的信任感以及长期合作的愿望。高级别的消费者支持能够为企业带来稳定的客户基础，促进口碑传播，从而形成良性循环，推动企业持续健康发展。

要提高消费者的支持力度，首先必须深入了解目标群体的真实需求是什么。比如，在二十世纪九十年代初，海尔集团通过实施"以用户为中心"的发展战略，成功转型为家电行业领导者。当时，中国正处于经济快速发展阶段，人们生活水平不断提高，对家用电器有了更高的要求。海尔敏锐地捕捉到了这一点，并迅速调整产品结构，推出了一系列符合市场需求的新产品，如节能冰箱、静音洗衣机等，赢得了广大消费者的青睐。此外，他们还建立了完善的售后服务体系，确保每一位顾客都能享受到及时有效的帮助和支持。正是这种贴近民心的做法，让海尔成为中国乃至全球范围内备受尊敬的企业之一。

除了满足基本功能，如何给用户提供超出预期的价值也是提升消费者满意度的关键所在。例如，日本丰田汽车公司就非常擅长于此。二十世纪七十年代后期至八十年代初，面对石油危机带来的挑战，丰田推出了其标志性车型——凯美瑞（Camry）。这款车不仅拥有出色的燃油效率，而且在设计上兼顾了舒适性和安全性，很快便在全球范围内获得了巨大成功。更重要的是，丰田始终坚持不断创新改进，力求为客户提供更加完美的驾乘体验。无论是引入混合动力技术还是开发自动驾驶系统，都体现了该公司致力于引领未来出行方式的决心。正因如此，即使竞争激烈，丰田依然保持着强大的市场竞争力。

构建品牌与消费者之间的情感纽带也是必不可少的一环。在这方面做得尤为突出的当属迪士尼乐园。自 1955 年在美国加利福尼亚州阿纳海姆开设第一家主题公园以来，迪士尼始终秉持着"让世界充满欢乐"的理念，努力营造出一个梦幻般的童话世界。在这里，游客不仅可以欣赏到精彩绝伦的表演节目，还能亲身体验到各种互动游戏项目。更重要的是，迪士尼通过讲述一个个温馨感人的故事，激发了人们内心深处的美好向往，使每一位来访者都能感受到家一般的温暖。这种强烈的归属感促使许多人愿意重复访问甚至向他人推荐这个地方，极大地增强了品牌的吸引力和影响力。

企业经营中的人心管理

在企业管理中，如果能够让每一位员工都以企业的成功为自己的成功，以企业的忧愁为自己的忧愁，那么企业就会充满勃勃生机。这要求经营者具备高超的管理水平，能够将企业的利益转化为大家的利益。

第一，企业应该明确自己的使命、愿景和核心价值观，并将这些理念传达给每一位员工。通过培训、沟通和激励等方式，让员工认同并内化这些理念，从而形成共同的目标和追求。这样，员工在工作中就能更好地为企业的成功而努力。

第二，企业应该关心员工的工作和生活状况，了解他们的职业发展需求和个人成长期望。企业可以通过提供培训、晋升机会和良好的工作环境，帮助员工实现自我价值，提高他们的工作满意度和忠诚度。同时，企业还应该关注员工的心理健康，提供必要的支持和帮助，让员工感受到企业的关爱和温暖。

第三，建立公平公正的评价体系。企业应该根据员工的工作表现和贡献，给予相应的奖励和认可。这不仅可以激发员工的积极性和创造力，还可以增强他们对企业的归属感和责任感。同时，企业还应该建立一套完善的投诉和建议机制，让员工有渠道表达自己的意见和建议，促进企业内部的沟通和改进。

第四，强化团队合作精神。企业应该鼓励员工之间的合作与交流，打破部门壁垒，形成协同作战的氛围。通过团队建设活动、跨部门项目等方式，培养员工的团队意识和协作能力。同时，企业还应该注重培养员工的领导力和创新能力，为员工提供更多的发展空间和挑战机会。

第五，营造积极向上的企业文化。企业应该倡导诚信、敬业、创新等积极的价值观，树立良好的企业形象和社会声誉。通过举办各类文化活动、公益活动等，增强员工的凝聚力和向心力。同时，企业还应该履行社会责任，积极参与公益事业，回馈社会，提升企业的社会形象和品牌价值。

"得人心者得天下"不仅适用于古代的政治斗争，也适用于现代社会的各个领域。无论是国家治理还是企业管理，都需要赢得民众或员工的真心支持。只有真正关注他们的需求和利益，才能赢得他们的心，决策的时候才能有更多胜算，奠定成功的基础。

企业的发展离不开口碑

企业的发展离不开口碑，这一点在当今的商业环境中尤为重要。良好的口碑不仅能够提升企业的品牌知名度，还能增强消费者对企业的信任度，从而促进产品销售。在竞争激烈的市场环境中，一个拥有良好口碑的企业更容易赢得更多的市场份额，进而实现可持续发展。

康师傅冰红茶

康师傅冰红茶通过一系列精心策划的网络活动，如"HAPPINESS ANYWHERE（快乐不下线）"主题推广活动，成功在年轻消费者群体中树立了充满活力和创新精神的品牌形象。这些活动不仅增强了品牌的黏性和消费者忠诚度，还为品牌带来了显著的市场增长。

康师傅冰红茶与猫扑、校内网等知名平台深度合作，开展了一系列文化互动活动。这些活动包括在线游戏、抽奖、用户生成内容挑战等，旨在激发用户的参与热情和创造力。通过这些互动活动，康师傅冰红茶不仅吸引了大量年轻消费者的关注，还让他们积极参与到品牌的传播中来。这种参与感和归属感使得消费者对康师傅冰红茶产生了更深的情感联系，从而提高了消费者忠诚度。

康师傅冰红茶在活动中注重传递积极向上的价值观和生活态度。比如，在"HAPPINESS ANYWHERE（快乐不下线）"主题活动中，康师傅冰红茶鼓励用户分享自己的快乐瞬间和正能量故事，以此传递快乐和积极的生活态度。这种价值观的传递不仅提升了品牌形象，还吸引了更多具有相同价值观的年轻消费者。

康师傅冰红茶还利用大数据和人工智能技术对活动效果进行实时监测和分析，以便及时调整策略并优化用户体验。通过对用户行为数据的深入挖掘，康师傅冰红茶能够更准确地了解目标消费者的需求和喜好，从而制定更有针对性的营销策略。这种数据驱动的决策方式使康师傅冰红茶能够在激烈的市场竞争中保持领先地位。

Airbnb

Airbnb 作为全球知名的在线住宿平台，自成立以来便以其独特的分享理念和创新模式在旅游行业中独树一帜。它不只是一个提供短期租赁服务的平台，更是一个连接房东与旅客、促进文化交流的桥梁。通过鼓励顾客分享他们的租房体验，Airbnb 成功构建了一个强大的口碑营销网络，这种基于用户真实反馈的传播方式极大增强了品牌的可信度和吸引力。

在这个信息爆炸的时代，消费者更倾向于相信来自同龄人或朋友之间的推荐而非传统广告。因此，公司致力于打造一个开放、包容且充满活力的社区氛围，让每一位参与者都能感受到归属感，并愿意主动分享自己的经历。

那么，Airbnb 到底做对了什么呢？笔者认为，主要是以下三点：

第一，对于积极贡献高质量评价或者故事的用户给予积分奖励，这些积分可以用来兑换免费住宿机会或其他福利。

第二，定期挑选出最具代表性的旅行故事或照片，在官方网站及社交媒体上进行特别推广，以此表彰那些乐于分享美好瞬间的人。

第三，建立专门的论坛区域，供大家讨论旅行心得、交换建议，甚至是组织线下聚会活动，进一步增强成员间的联系。

除了注重用户体验外，Airbnb 还非常关注如何将自身发展融入当地社会环境之中，成为促进地方经济发展的重要力量之一。

第一，加强沟通合作，主动寻求与地方政府及相关机构的合作，并建立良好关系，了解对方需求并共同探讨解决方案；同时，也为民宿经营者提供更多关于法律法规方面的指导和支持。

第二，支持小微企业，优先推荐使用本地产品和服务，如餐饮、交通等配套设施，帮助小型企业增加收入来源。

第三，保护文化遗产，鼓励游客参观历史遗迹时遵守相关规定，尊重当地风俗习惯，避免对环境造成破坏。

第四，参与公益活动，发起各种形式的社会责任项目，如资助教育基金、改善基础设施等，以实际行动回馈社会。

杭州碧橙电商

在当今竞争激烈的全网整合营销领域，碧橙电商凭借其卓越的表现和对品牌建设的高度重视脱颖而出。该公司不仅注重用户体验，还通过精准的市场定位和有效的营销策略，帮助众多品牌拓展市场份额，显著提升品牌影响力。

在市场定位方面，碧橙电商采用了先进的数据分析工具和技术手段来深入理解目标受众的需求与偏好。基于这些调查和分析，他们能够为客户制订出更加个性化且具有针对性的产品推广方案。比如，针对不同年龄层、性别或兴趣爱好的人群推出定制化广告内容，以此提高转化率并增强用户黏性。

为了确保营销活动的成功实施，碧橙电商组建了一支由行业专家组成的专业运营团队。这支团队擅长运用多种数字营销渠道（如搜索引擎优化 SEO、社交媒体平台等）进行综合布局，并根据实时反馈调整策略，以达到最佳效果。此外，他们还不断创新服务模式，如引入 AI 聊天机器人提供 24 小时在线客服支持，极大地提升了顾客满意度及忠诚度。

面对快速变化的市场环境，碧橙电商始终保持着敏锐的洞察力，积极探索新兴业务领域。近年来，随着短视频平台的兴起以及消费者对于高质量内容的需求日益增长，该公司开始加大对视频营销的投资力度，并通过制作创意十足且富有故事性的短片吸引关注；同时，也加强了与 KOL（关键意见领袖）的合作，利用其影响力扩大品牌曝光度。

碧橙电商非常注重内部流程的持续优化。通过引入敏捷开发方法论，加快项目迭代速度；采用云计算技术降低 IT 成本；建立完善的绩效考核体系激励员工积极性……这一系列措施都帮助碧橙电商提高工作效率和服务质量，为其创造出更多价值。